中央党校著名教授王东京经典之作

王东京 张宝江 杨明宜 著

教你读懂西方经济学

WESTERN ECONOMICS

廣東省出版集團
广东经济出版社

图书在版编目（CIP）数据

教你读懂西方经济学／王东京，张宝江，杨明宜著．—广州：广东经济出版社，2012.4
ISBN 978－7－5454－1215－4

Ⅰ.①教… Ⅱ.①王…②张…③杨… Ⅲ.①西方经济学—自学参考资料 Ⅳ.①F091.3

中国版本图书馆 CIP 数据核字（2012）第 065573 号

出版发行	广东经济出版社（广州市环市东路水荫路 11 号 11～12 楼）
经销	全国新华书店
印刷	佛山市浩文彩色印刷有限公司（南海狮山科技工业园 A 区）
开本	787 毫米×1092 毫米 1/16
印张	19.25
字数	246 000 字
版次	2012 年 4 月第 1 版
印次	2012 年 4 月第 1 次
印数	1～10 000 册
书号	ISBN 978－7－5454－1215－4
定价	45.00 元

如发现印装质量问题，影响阅读，请与承印厂联系调换。
发行部地址：广州市环市东路水荫路 11 号 11 楼
电话：（020） 38306055 38306107 邮政编码：510075
邮购地址：广州市环市东路水荫路 11 号 11 楼
邮购电话：（020） 37601950 邮政编码：510075
营销网址：**http://www.gebook.com**
广东经济出版社常年法律顾问：何剑桥律师

前 言

托马斯·伯克曾经预言："骑士的时代已经过去，随之而来的是智者、经济学家和计算机的时代。"事实的确如此。二战以来，越来越多的经济学家受聘为政府的高级顾问，政府官员的日程表上充满了诸如预算、税收、投资、利率和外贸等各种各样的经济名词，经济问题的复杂化和经济活动的国际化也已经越来越引起政府部门的高度关注。上至总统，下至黎民百姓，谁都躲不开经济萧条的困扰，当然也尽可分享经济繁荣的成果。

进入21世纪，中国继往开来，全党以经济建设为中心，经济体制向现代市场经济全面转轨，政府官员无一例外地要直接、间接地参与各类经济决策，因此，有必要掌握一些基本的现代经济学知识。尽管我们没有理由要求政府官员都成为经济学专家，但政府官员必须有能力去识别由经济学家提出的各种有争议的政策建议。集思广益、去粗取精、去伪存真，都需要我们的政府官员有一定的经济学功力。

然而，经济学却是一门"沉闷的科学"，它虽非高深莫测，但也不可一蹴而就。时下经济学书籍，可说是浩如烟海，书中的公式图表，也往往令人头晕目眩。特别是对那些非经济学科班出身的官员，半路自修经济学，至苦至难，自不待言。帮助政府官员学好必要的现代经济学知识，作为专业经济理论工作者，我们深感责无旁贷。而这本《教你读懂西方经济学》，就是我们奉献给广大读者的一份薄礼。

教你读懂西方经济学，重在一个“教”字。既要“教”得明白，又要“教”得轻松；既要恪守西方经济学的原理，又要不拘泥于西方学者原有的表达方式。所以，忠实于西方学者的理论，而同时又要表达得简洁平实、深入浅出，是我们写作本书所追求的目标。现在我们把这本书呈献给读者，算是投石问路，效果如何，我们诚恳地静待大家的回应。

作者
于中共中央党校

引言：经济学究竟解决什么问题

大哲学家苏格拉底每天黎明即起，披上大氅，走到中心广场与人们进行谈话和讨论。在簇拥着他的弟子中，有一个贵族的后裔，名叫色诺芬。色诺芬是个有心人，他把每天从苏格拉底那里听来的一些有关奴隶主应该如何增加财产的思想片断记录下来，结合自己管理庄园事务所积累的经验，编写成了一本书，题名为《经济学》。从此，“经济学”作为一个专有名词，开始出现在人类的言谈和文献中，我们现在使用的“经济学”（economics）一词，也就是由此处的希腊文（oikonomos）转译而来。

希腊语的“经济学”一词由两部分构成：oikos 是家庭，nomos 是管理，可见，最初的经济学所要解决的问题，实则是有关家庭财产管理这门学问的。亚里士多德在他的《政治学》中，继续按照色诺芬所赋予的含义使用经济学这一名词，从而在整个中世纪，经济学都不过是一门关于个别家庭、个别庄园如何致富的学问。至于有关商业、货币流通、国家财政等涉及整个国家的经济问题，通常被学者们放在政治学或伦理学的著作中进行讨论（中国古代“经济”一词从“经邦济世”而来，也属于政治学的范畴）。一直到 15 世纪末期，封建自然经济瓦解，商品货币关系建立，国内统一市场形成，中央集权的君主政体出现，才使得整个国家的致富问题

和政府的财政税收问题日益重要起来。在这以后几代人的时间里，以斯图亚特、亚当·斯密、李嘉图和西斯蒙第等为代表，无数学者致力这项专门研究，并不约而同地把他们讨论整个社会经济问题的论著冠以“政治经济学”的名称，以区别于研究家庭财富管理的经济学。

经济科学的研究内容乃至命名，是在1890年被一本后来被西方经济学界赞誉为“划时代的著作”——《经济学原理》所改变。这位名传四方的作者，是英国剑桥大学的经济学教授马歇尔。他一反传统思路，不再像古典经济学家那样，只重视对生产的研究，而把研究的重心转向了消费、需求以及资源的优化配置上，并认为商品的价值不是取决于商品中所包含的劳动量，而是取决于人们对商品效用的主观评价。这一转变逐渐使经济学由一门主要研究整个国家如何致富的学问，转变为主要研究个别消费者行为、个别厂商行为以及这两方面行为对价值价格决定机制的学问了。“经济学”一词也正式取代“政治经济学”，而为广大西方经济学者所接受。在马歇尔那里，经济学所要解决的问题，是如何更有效地提供种类繁多的物品和劳务，以满足人们多种多样的欲望，使人类过得更快活。

但是，马歇尔建立在个别消费者、个别厂商等微观层次上的经济理论，并不能解决1929—1933年世界性经济大危机后西方国家普遍存在的经济停滞、通货膨胀以及严重失业等诸多问题。严酷的现实再一次使学者们陷入了沉思。1936年，一本石破天惊的经济学大作《就业、利息和货币通论》问世，著者是马歇尔的学生凯恩斯。该作品的发表，一方面使惊魂未定的人们看到了希望，另一方面也使经济学本身发生了一场深刻的“革命”：传统的经济学体系遭到了背离和抛弃，取而代之的是一套以国民收入等总量分析为主要方法的宏观经济学体系的建立。而该经济学所致力研究和解决的问题，是帮助政府同时实现充分就业、物价稳定、长期经济增长和国际收支平衡等四大宏观经济目标。至此，经济学完成了“从微经

济学到大经济学的过渡”，经济科学的理论大厦最终得以耸立。至今，整整这一代的经济学家，都仍在沿着凯恩斯开辟的新路线前进。

从苏格拉底和亚里士多德到凯恩斯，再到写《丰裕社会》的加尔布雷斯教授，时间已整整过去了二千二百五十年。经济学也由最初的一些天才思想，发展成为体系完整、论述严密、流派纷呈的“社会科学之王”。但是，不管经济学家怎样表述，也无论这门科学如何变迁，经济学所必须面对的问题，归根结底却只有一个：即如何选用有限的资源来生产有价值的商品，并对它们进行合理分配。结合中国的实际，可以把其表达得更通俗一些，即当三个人的饭五个人吃时，如何使他们吃得有积极性；而当三个人的活五个人干时，如何使他们不偷奸耍滑——这便是经济学自始至终致力解决的问题。

事实上，只要存在人类社会，便一定有人的生理上或心理上的欲望，也就必然会有满足这些欲望的物质资料生产。但是，相对于人的无穷无尽的欲望而言，生产物质资料的经济资源总是显得不够，即总是处于一种稀缺状态，或者说，总是存在三个人的“饭”五个人“吃”的问题。这样，如何选择、分配和有效利用现有资源，使生产出来的物品能够最大限度地满足人类的欲望，便是人类社会与生俱来的基本经济问题，对这一问题的解答，必须依赖经济学。与此同时，本来就稀缺的资源，在实际生产过程中，却是处处不能物尽所用，即总是存在着相对的过剩状态，或者说，总是存在三个人的“活”五个人“干”的问题。所以，如何确立有效的原则和机制，使资源配置得最优，以尽可能地避免闲置和浪费，这也是经济学不得不担当的责任。

因此，当世界只有一个人生存的时候，可以不需要经济学，但当从一个人发展成一个群体——人类社会的时候，经济学以及由此制定的经济政策便不可或缺。经济学的任务，就是要解决为什么“一个和尚可以挑水吃，两个和尚抬水吃，而三个和尚却反而没水吃”这一难题。对这个难题的解答，落脚到一点，就是经济学的伦理即效率与公平问题。事实上，经济学的发展历程，也就是在效率和公平之间寻找平衡点的过程。而这一过程永远不会完结，因为只要新的欲望一出现，那么，已经建立起来的平衡便被打破，寻找和确立新的平衡的工作便又开始。而这，便是经济学永恒的使命。

目　　录

人口与就业理论

财政税收理论

货币理论

产业经济理论

国际贸易理论

国际金融理论

公共选择理论

制度分析理论

经济增长与发展理论

公平与效率

人口与就业理论

一位牧师的预言

凯恩斯“革”了谁的“命”

凯恩斯的“药方”

威兹曼的分享经济学

失业的代价

贝克尔的人力资本理论

一位牧师的预言

●马尔萨斯说，以几何级数增长的人口增长不能超过以算术级数增长的生活资料增加的限度，而达到此目的的方法就是限制人口的增长。

在森林运动会上，乌龟和兔子参加赛跑。乌龟拼其全力，也赶不上兔子速度的百分之一，敏捷的兔子一会儿就把乌龟甩得很远。当兔子到达终点的时候，乌龟还在离起跑线不远的地方一步一步地爬呢。这本是则古老的童话故事，但19世纪英国的一位牧师，却用它来表述这样一个严酷的真理：生活资料的增加和人口的增长之间，是龟兔赛跑的关系，因此，人口增长必须有一个限度，要与物质资料的增长相适应。这位相貌和蔼的牧师，用鲜明的笔触向世界喊出了他的预言：如果人口增长像兔子般狂奔不止，那么，以乌龟般爬行的生活资料便永远不可能与其保持平衡，社会上就会出现一部分人口完全得不到或只能得到很少一点物质资料，在三个人的“饭”五个人“吃”的情况下，贫困、饥荒、犯罪、战争和瘟疫便会接踵而至，人类社会将是一片黑暗。

此语一出，立即引起了强烈的社会反响，其影响至今仍在。这位牧师就是托马斯·罗伯特·马尔萨斯，他的著作就是《人口论》。

《人口论》的问世，还有一则有趣的故事：马尔萨斯的父亲是卢梭的朋友，对法国大革命非常赞赏，经常在早餐席上向自己的儿子推荐英国社会革命运动的激进倡导者葛德文和康多塞的书和思想。儿子不同意父亲的看法，在辩论中，调动了自己的一切才思，力图驳倒父亲。辩论告一段落，他即把自己的观点记录下来，准备寄给朋友。在写的过程中，他觉得自己的论据意想不到的充分，于是决定印成论文，匿名发表。这就是1798年初版的《论人口原理和它对于社会将来的影响，附关于葛德文、康多塞及其作者的臆测之评论》。1803 年出版第二版时，他公开了自己的名字，把5 万字的小册子，扩为20 万字的大部头，并改名为《论人口原理及其对于人类幸福的过去和现在的考察，附我们预测将来关于除去或缓和由人口原理所生的弊害之研究》。马尔萨斯由此大负盛名。

马尔萨斯的人口理论从下述两个假定出发：第一，食物为人类生存所必需。第二，两性间的情欲是必然的，且几乎会保持现状。在马尔萨斯看来，第一个假定为无可辩驳之公理，第二个假定人们亦未能否定。尽管人类在智力方面远远胜过动物，但在繁殖上却与动物无多大区别。人口在无任何限制的情况下，存在几何级数增长，1、2、4、8、16、32、64……，几乎每25 年就会翻一番。但是，人类依存的生活资料即使在最有利的条件下也仅以算术级数增长，即1、2、3、4、5、6、7……在土地收益递减规律的作用下，实际的增长速度较此尚慢，土地给日益增长的人口提供粮食将越来越困难。

仅阐述这些人们很容易接受的前提和规律，并不是马尔萨斯的目的。《人口论》的主要任务，是“有力而精确地将人口增长与食物增长相比较”，研究“将人口限制在生活资料水平的各种方式”，探索其“原则和影响”，从中得出“有实际意义的推论”（普乃斯博士语）。显而易见，根据上述规律，人口数量和所需生活资料数量之间存在着巨大差额。由于生

活资料为人类生存所必需，因此，必然存在着某些限制人口增长的因素，强使人口增长同生活资料的增长保持平衡，使人口的数量被迫减少到食物可供养的限度之内。《人口论》的目的即在于指出这些因素的存在、作用和发展趋势。

限制人口增长的因素，包括预防性限制和积极限制两种。前者是指晚婚、晚育、不结婚、不生育等限制出生的因素；后者是指所有缩短生命的因素，如战争、饥饿、疾病等。如果不是从人们的态度而是从人们的感受出发，这两种限制又可称为痛苦的限制和罪恶的限制。《人口论》初版刊行后曾受到许多批评。为了缓和人们的批评，马尔萨斯在第二版中新增了一条限制——道德限制，即采取节制结婚和生育的措施，降低出生率。各种限制共同作用和相互补充，使某种限制的松动由其他限制的加强而补足。马尔萨斯指出，随着人类文明的发展，人口限制将从积极限制为主向预防性限制过渡，从痛苦和罪恶的限制为主向道德限制为主过渡，因为只有道德限制，才是取得人口和食物平衡的最佳方法。

马尔萨斯关于人口增长不能超过生活资料增加的限度这一命题，不仅对以后这一领域的研究产生了重要的影响，而且对今天世界上许多国家经济政策的制定起到了巨大的启示作用，他所提出的道德限制的主张甚至直接被一些国家当作本国的基本政策。但是，也绝少有经济学著作像马尔萨斯的《人口论》那样遭受过如此多的非议。据说，葛德文把它称为“令人恐怖的恶魔，常使人类希望破灭的黑暗”。英国著名的马尔萨斯研究者博纳在其《马尔萨斯及其业绩》一书中写到：“亚当·斯密留下了万人赞赏而无人阅读的著作，马尔萨斯留下了无人阅读而万人痛骂的著作。”马克思更是把马尔萨斯的人口理论看做是资产阶级庸俗经济学予以驳斥和痛击，以至于现在我们一提起马尔萨斯和他的人口理论，马上会联想到反动、荒谬等断语。但是，撇开马尔萨斯反社会主义的立场不谈，就经济研究本身而论，其在《人口论》中突出提到的经济增长（特别是粮食增长）和人类的生产力的关系问题，却推动了人们去认真思索。

恩格斯在《政治经济学批判大纲》一文中，特别提到这个问题。他指出："马尔萨斯的理论是一个不停地推动我们前进的、绝对必要的转折点。由于他的理论，总的说来由于政治经济学，我们才注意到土地和人类的生产力，而且只要我们战胜了这种绝望的经济制度，我们就能保证永远不再因人口过剩而恐惧不安。我们从马尔萨斯的理论中为社会改革取得了最有利的经济论据，因为即使马尔萨斯是完全正确的，也必须立刻进行改革，原因是只有这种改革，只有通过这种改革来教育群众，才能够从道德上限制生殖的本能，而马尔萨斯本人也认为这种限制是对付人口过剩的最容易和最有效的办法。"

自马尔萨斯始，在经济科学的领域内，逐步形成了一个以研究人口和经济发展关系为对象的新学科——人口经济学。

凯恩斯“革”了谁的“命”

●凯恩斯以他的非充分就业经济学和危机经济学否定了自由放任的古典经济学理论基础——萨伊定律，即经济中的生产活动总是能够创造出足够的需求来吸收掉所有生产出来的商品。

使约翰·梅纳德·凯恩斯一跃成为“现代经济学之父”的标志，是他在1936年发表的《就业、利息和货币通论》一书。该书的诞生，把西方经济学带上了一个新的征途，其影响之大之快，迄今为止，还没有任何一部经济学著作，能与之相比。西方经济学界甚至把它与18世纪亚当·斯密的《国富论》、19世纪马克思的《资本论》一同奉为经济学的三部经典，并把凯恩斯在经济科学领域里的贡献，与哥白尼、达尔文对自然科学的开拓性成就相提并论。

为什么这部篇幅不长的著作，能给作者带来如此崇高的声誉，以至于1972年度诺贝尔经济学奖的得主理查得·希克斯，在其得奖演说中称凯恩斯为“开辟了整整一个时代的伟大的思想家和导师”？究其原因，是凯恩斯的这部书，不是继承和发展已有的经济学研究成果，而恰恰是对其进行了全面批驳和否定，并在此基础上，创立了一整套崭新的经济学理论体系，给传统的经济学理论画了一道休止符。所以，它的发表，对以斯密、李嘉图、马歇尔为代表的、一直统治西方经济学界的古典经济学说产生了巨大的冲击，被称之为爆发了“凯恩斯革命”。

那么，凯恩斯究竟“革”了谁的“命”？或者说，凯恩斯从什么地方找到了自己“革命”的理由呢？

让我们一起来回顾“凯恩斯革命”产生的背景。1929—1933 年，西方国家爆发了一场无法阻止的经济大危机，至今有人谈起这场危机仍然心有余悸。在这场危机中，大量过剩产品倾倒入海里，成千上万的企业倒闭了，千百万人被抛上街头，沦落于失业的漩涡之中。这次大危机，给资本主义制度以极为沉重的打击，使得“资本主义面临全面毁灭”的境地。面对这种困境，几乎所有西方经济学家都目瞪口呆，找不出对付经济危机、挽救资本主义命运的办法。事实上，他们难以接受眼前这场梦魇的真实性，因为在这之前，长期统治人们头脑的，是新古典经济学极力推崇的自由放任主义，认为只要政府当局对经济不横加干涉，自由竞争机制总是能够自发地调节供求平衡、保持市场经济的稳定发展，因此，普遍性的生产过剩是不可能发生的。

之所以古典经济学否认全面的生产过剩，是因为在一百多年的时间里，自由放任的理论基础——萨伊定律，作为资产阶级学者推崇至极的“重要真理”，一直根深蒂固地流行在西方经济学的著作和教科书中，成为判断“一个经济学家区别于一个白痴的主要检验标准”。

到底什么是“萨伊定律”呢？假设现在有个生产纺织品的人要卖掉自己的产品，而用来购买纺织品的货币却在农民手中。然而，农民是怎么获得这些货币的呢？那自然是农民通过卖掉他们自己生产的小麦而获得的。因此，直接用以购买纺织品的，虽是货币，但从本质上看，却是其他产品即小麦。农民只有提供小麦，才能得到纺织品。所以，提供产品销路的，实际是其他产品的生产，即“供给自行创造了需求”。所以，关于产品的供给，丝毫不存在销售困难，无论生产多少都能卖掉。而如果存在市场充斥、商品滞销的现象，也仅是“由于某些货物生产过少，别的货物才形成过剩”，并且这种现象只是局部和暂时的，决不会永久存在。这种经济中的生产活动总是能够创造出足够的需求来吸收掉所有生产出来的商品的理论，是18世纪法国经济学家、以亚当·斯密理论继承人自居的让·巴蒂斯特·萨伊总结和概括出来的，因此被西方经济学家称为“萨伊定律”。从这一定律出发，萨伊认为：产品的供给总数必然同需求总数相等，因为需求总数只是已经生产出来的商品总量。因此，那种认为市场会普遍雍塞的观点，显然是十分荒谬的。

凯恩斯理论的先驱者马尔萨斯最早对萨伊理论进行驳斥，他指出，萨伊的这一见解是从经济现象中抽出货币后来考察物物交换的，实质上是一种实物经济学，也就是说，将货币视为单纯的物物交换的媒介。但是，如果人们将卖掉产品而获得的货币不再支付出去，而是大规模地储蓄起来，那么产品的销路便会被封闭，消费不足和生产过剩的危机就会出现。凯恩斯正是站在马尔萨斯的肩膀上前进的，他进一步发展了马尔萨斯的上述见解，指出萨伊定律在理论和实践中的错误，并在此基础上形成了他著名的有效需求理论和充分就业论。

凯恩斯的驳斥首先从储蓄是否会全部转化为投资这一问题开始：如果把经济世界比作一个由所有人围坐在一起的圆桌，人们把各自的产品拿到圆桌上，用以交换货币，再用货币在圆桌上换取别人生产而为自己所需要的产品。如果人们是将自己的产品换成货币以后立即选取所需物品，那么这张圆桌上的所有物品就都会顺利流通，不会发生任何问题；并且由于无论多少物品，一旦拿到圆桌上就立刻能换回其他物品，所以不会出现圆桌上物品过多而堆积如山的情形——这就是萨伊定律所描绘的现实。所以古

典经济学家确信：即使人们节约货币用以储蓄，但由于储蓄立即转化为投资，所以产品的需求不变。以此为前提，那么生产必然会因资本和劳动的全部使用而扩大，不管供给多大都不会出现需求不足。因此，只要供给能够尽量扩大，充分就业就能够实现。

但是，一旦人们把物品堆积在这张圆桌上而不再用以交换其他物品，会出现什么情况呢？凯恩斯指出，由于货币是最理想的财富积累手段，由此，人们会偏向于把换来的货币储存起来，这样，圆桌上的物品就会只增不减，最终就会使人们无法继续生产和提供物品，圆桌的“竞赛规则”也就失效了。因此，萨伊定律实质上是关于非货币条件下经济社会运行情况的分析，而并没有认识到货币的重要功能：货币，不仅是物物交换的媒介，更是储藏价值的手段。凯恩斯正是从这里发现了破坏经济正常运行的秘密。

凯恩斯的理论体系就是建立在否定古典经济学的前提——萨伊定律的基础上的。而“革”萨伊定律的“命”，就把需求摆在了优先地位上，《通论》最先揭示的就是“有效需求原理”，认为有效需求不足是造成失业的最根本原因。扩大总需求以扩大就业，是凯恩斯理论体系的骨干，其他理论均直接或间接由它所派生或作为它的补充。

凯恩斯认为：由于有效需求经常不足，因此，经济生活便无法始终保持充分就业，相反，不充分就业才是经济常态；生产过剩的危机也不可避免。所以，凯恩斯经济学又被西方经济学家称为非充分就业经济学和危机经济学。凯恩斯沿着这一思路展开了他的经济学体系：由于在理论上否定了萨伊定律，因此在政策上便否定了自由放任原则，主张政府积极干预经济生活。为了分析政府的调控行为，他又在经济学的研究工具上，创造了一整套以总量为对象的宏观经济分析方法，从而完成了震惊世界的“凯恩斯革命”。

凯恩斯的“药方”

●既然有效需求不足是市场机制自发作用的必然产物，那么，必须动用政府的力量对经济实施干预，以弥补有效需求的不足。

20 世纪 30 年代，当时的西方世界正处于深重的危机之中，人们渴求着解脱困境的“万应灵丹”。恰逢此时，凯恩斯的《就业、利息和货币通论》问世，这犹如救世主光临，使焦头烂额的各主要资本主义国家的政府首脑如获至宝。阅读《通论》的浪潮在西方迅速铺开，凯恩斯由此声名鹊起。

在凯恩斯看来，资本主义真正的经济病症，一是危机，二是失业，如果这两个顽症得不到有效根治，那么，资本主义经济形态将会被全面毁灭。所以，凯恩斯《就业、利息和货币通论》一书的目的，就是要开出良方，医治上述病症。而在危机和失业之间，凯恩斯更重视后者，他认为失业不仅是危机的集中表现，而且是困扰资本主义制度的主要祸害的根源：一个国家有了失业，这个国家就会以邻为壑，甚至不惜牺牲他国以改善本国的就业状况，造成武装冲突；另外，煽动家常常可以利用失业工人的心理，灌输危险的观点；法西斯分子也可以利用失业，提出改进经济状况的

诺言而获得追随者，从而登上历史舞台。总而言之，失业是一个国家必须致力解决的首要问题，只要全社会消除了失业，那么，包括危机在内的一切经济难题便可迎刃而解。

凯恩斯认为，资本主义社会之所以会出现“非自愿失业”这种病态，原因在于：就业水平依生产水平为转移，只要缺乏有支付能力的需求，资本家卖不掉产品，就会缩小生产规模，这样必然造成一部分人被挤出就业队伍。由此，凯恩斯把失业的根源归结为社会的“有效需求不足”。

那么，为什么会出现有效需求不足呢？凯恩斯的分析是：由于有效需求是由人们对消费物品的需求和企业家对生产物品的需求两部分构成，而在市场经济运行中，却存在着三条永恒的心理规律，抑制着消费需求和投资需求的增长：（1）人们有一种节约的心理，或者说有一种天生对储蓄的爱好，收入增加之后，总要把更多的钱储蓄起来，从而使消费在整个收入中的比例不断下降，这就造成了“消费倾向递减”。虽然消费随着收入一起增加，但消费总比收入增加得慢。所以，社会越富裕，收入增加越多，收入与消费之间的差距也就越大。钱被储蓄起来，本身就意味着市场上的这部分消费需求静静地消失了。（2）虽然消费需求不足可以用投资需求的增加来弥补，但是，企业家是否愿意投资却要看他对资本未来收益的预期是否乐观。在利息率不变的情况下，如果资本边际效率高，即新增加的每单位投资预期可得到高额利润，那么，企业家投资的积极性便会高涨，反之则相反。然而，在一个竞争性的市场上，由于资本投入逐渐增多，一方面会使供给增加，供给价格降低，从而使新增产品的销售收入下降；另一方面，新增投资必然加大对生产设备的需求，引起此类产品供给紧张，价格上涨，从而使生产成本增加。这两方面的情况结合在一起，使得“资本边际效率趋于递减”，吸引资本家投资的诱力减弱，投资需求会经常呈现不足。（3）人们出于交易、谨慎和投机的需要，普遍具有“流动偏好”

的心理，即总是更喜欢以周转灵活的现金形式保存自己的一部分收入。这样，要鼓励人们放弃流动偏好，就必须提高利息率，从而使得资本边际效率与利息率相比更显得低，投资需求更为不足。由此可见，消费需求不足使得储蓄增加，投资需求不足又不能吸收储蓄将其转化为投资，结果造成了整个社会的有效需求不足。

既然有效需求不足是市场机制自发作用的必然产物，因此，扩大有效需求，实现充分就业的目标就不可能由市场机制本身来达到，而必须动用政府的力量对经济实施干预，用扩张政府需求的办法来弥补私人有效需求的不足，以促使总需求与总供给在充分就业的水平上实现均衡。围绕这个思路，凯恩斯开出了如下药方：（1）赤字预算。凯恩斯极力主张政府扩大支出，进行各种投资，刺激投资欲。在他看来，即使造成大量预算赤字也没有什么了不起，因为“举债支出虽然‘浪费’，但结果倒可以使社会致富”。他呼吁财政政策从传统的预算平衡概念中解放出来，走向主动的、积极的赤字预算，以此刺激社会经济活动，增加国民收入。（2）适度通货膨胀。他主张国家通过自己控制的中央银行系统地增发纸币，扩大信贷，压低利率。认为这样做一方面可以使企业家预期到纯利润将增大，从而增加投资的欲望；另一方面，纸币流通量的增加造成物价上涨，这不仅压低了工人的实际工资，相对地提高了资本边际效率，加强了投资引诱，而且令人们考虑到保持更多的现金是不聪明的，于是阻碍投资引诱的“流动偏好”将会越来越小，投资需求便会高涨。（3）福利措施。凯恩斯认为向富人征税再救济给穷人，有利于提高整个社会的边际消费倾向。因为富人的钱越多，储蓄的钱会越多，而征税后储蓄会减少，再救济给穷人，使之用于消费，从而会扩大消费需求，刺激生产，实现充分就业。

凯恩斯的理论提出之后，很快风靡于西方各国经济学界，成为居主流地位的一大经济学派。其以需求管理为中心的一整套政策主张，也在战后

西方各国得到不同程度的采用；其在抑制经济危机的破坏力、扩大就业、平缓经济周期性波动、促进资本主义经济发展等方面的确取得较为显著的成效。一位美国经济学家曾作过如下评论："毫不夸张地说，在20世纪30年代，拯救资本主义的功绩应归功于在二次大战前和二次大战期间所采用的凯恩斯充分就业政策。"但是，凯恩斯药方说到底只是一种治标不治本的主张，它在挽救资本主义的同时，也给资本主义带来了新的困扰：1973—1975年危机以后，西方经济出现了所谓的"滞胀"，失业率与物价同时上涨，经济衰退与通货膨胀同时并存。凯恩斯偶像终于被粉碎，西方经济学界一片混乱，各个思想流派一涌而起，与凯恩斯正统学派相抗衡，从而逐步争夺各自的地盘，谋求"凯恩斯革命的再革命"。

威兹曼的分享经济学

●威兹曼设计了一个新的雇工报酬制度："分享制"，即企业不按人头设固定工资，而只规定劳资双方对经营成果的一个分享比例。

失业，这个至今仍困扰着各国政府的幽灵，不仅给失业者本人带来深重的灾难，而且也使社会蒙受巨大的经济损失。因此，在现代市场经济中，失业始终都是各国政府必须全力对付的头号难题。正因为如此，探求失业的原因、寻找消除失业的办法、在降低失业率的同时阻止物价上升等等诸如此类的问题，比任何其他社会问题都更为经济学家所关注。

从凯恩斯开始，无数学者为此付出了心血，并纷纷发表自己的看法。但是，所有的观点，都是主张在现存制度的范围内，通过发挥市场机制的作用，或改变国家干预的重点来解决上述问题。而美国经济学家威兹曼却另辟蹊径，对如何消除失业提出了独特的见解。

威兹曼认为，西方国家现存的工资制度，才是造成失业真正的根源。因为商品成本主要由工资构成，而在现代经济中，企业面临的都是高度竞争的市场，在这类市场上，产品的价格随着销售量的增加而降低。这就意味着为扩大生产而新投入的资本，给雇主带来的利润是递减的，然而，一方面是“资本边际收益递减”，另一方面由于雇员的固定工资制度使得劳动成本却丝毫不能下降，这样，雇主的净利润进一步减少，企业便不可能有增加产量和增雇工人的积极性。而如果成本增加迫使企业提高产品的销售价格，那么，工人会要求提高工资，而工资提高后，成本必然进一步增加，从而再一次导致价格上涨，工人又会进一步要求提高工资，进而再度引起价格上涨。如此循环往复，造成工资—价格轮番上涨的所谓跳背游戏。但是，当价格下跌时，由于人的本性不愿使工资收入下降，而工会的存在以及最低工资法又都限制了工资的下降，从而使工资具有能升不能降的所谓“工资刚性”。这种工资刚性的存在，便使得一部分工人无法受雇。

威兹曼进一步指出，由于经济总是存在着周期，因此，当经济萧条时，雇主还必须支付在经济繁荣时期所定下的固定工资，那么，他就不得不解雇工人。例如，汽车公司有工人 100 人，每个人每天工资是 40 元。在经济繁荣时期，汽车公司每天的总收入是 10000 元，公司在支付了劳动成本 4000 元后还有 6000 元的净收益。但在经济衰退时期，汽车公司每天的总收益只有 4000 元，然而工资支出却没有伸缩性，仍是 4000 元，那么，如果公司不解雇大部分的工人，它就只得破产！这就是引起失业最本质的原因。

既然现行的工资制度是失业的根源，那么，要消除失业，就必须对它动大手术。为此，威兹曼设计了一个新的雇工报酬制度：“分享制”。即企业不按人头设固定工资，而只规定出劳资双方对经营成果的一个分享比例。各个企业的分享比例由劳资双方共同协商决定，但当这一比例确定下来后，则不管企业收入如何，雇主和全体雇员都必须遵照这一比例进行分配。例如，汽车公司经劳资双方协商确定该公司的利润分享比例是 1∶2，即资方得公司总收入的 1/3，作为公司管理所得以及赋税和其他支出；劳方得 2/3，作为全体雇员的工资。在上例中，当汽车公司一天的总收入为

10000 元时，雇主得3333 元，全体雇员得6666 元；而当总收入为4000 元时，雇主得1333 元，全体雇员得2666 元。至于这个整的工资额如何再分配到人头，则由雇员推选出来的工人委员会自行解决。

威兹曼指出，以经济景气时期为例，尽管工资制之下和分享制之下工人每天的劳动报酬是40 元，从形式上看并未发生变化，但如果考察一下再追加一天劳动所引起的成本与收益，就可以了解将工资制改为分享制的重要意义。

假定公司追加一天的劳动所花费的成本为边际成本，即40 元；追加一天劳动生产的汽车销售得到的收益为边际收益，它也是40 元（因为只有当边际成本等于边际收益时，企业的利润才能达到最大）。如果增加一天劳动所付出的工资低于所得到的新增收益，则该汽车公司将增雇工人；反之，公司就会解雇工人。那么，在传统的工资制下，由于公司追加的劳动成本等于新增收益，因此，公司没有扩大的必要。而在分享制下，虽然边际收益仍为40 元，但劳动成本的增量却只有 $40\times2/3=26.67$ 元。即是说，该公司每增雇一个工人，那么这个工人多增加一天的劳动，公司就可以多得13.33 元的利润，因此，只要社会上存在可以吸收的工人，那么，汽车公司便会无止境地增雇工人，直到无人可雇为止。

可见，分享制与工资制相比，最大的优点就在于它天然具有无限扩大就业和无限扩大产量的倾向。因为如果分享比例小于某一特定值，那么，边际成本将始终小于边际收益，这就意味着企业增产永远有利可图，企业就会不断吸收工人就业。如果经济中大多数企业都转而实行分享制，经济会产生扩张效应：新就业工人的消费促使总需求增长，反过来又会导致投资增加。当社会上再也没有可以雇佣的失业人员时，整个经济的扩张才会终止。即便在经济衰退时期，由于雇员的报酬与企业的经营状况挂钩，因此，在企业收益下降时，雇员所分享的份额也跟着降低，从而令生产成本降低，企业依旧有利可图，整个社会便不会再有解雇工人的现象发生。

威兹曼还指出，由于就业量的增加意味着产量和销售量的增加，而产量和销售量的增加意味着价格的递减，因而在全面实行分享制的分享经济中，社会的物价水平将下降。换句话说，实行分享制不仅能解决失业问题，还可以解决通货膨胀的问题。

威兹曼建议政府要用减税、立法等形式来促成这种转变。与此相配合，政府还应成立专门机构，制定分享合同的纲要，并对各私营公司所提出的分享计划予以确认。

失业的代价

●“奥肯法则”说明了失业率与实际国民生产总值增长率之间的精确联系，即：失业率每增加1%，则实际国民生产总值会减少2.5%左右；如果要使失业率降低1%，则国民生产总值就必须增长约2.5%。

在人们的常识中，失业就是没有工作。但没有工作，通常会由各种原因引起。有些人没有工作，可能是由于年老或身体残疾，而有些人则可能是由于存款丰厚或继承可观遗产，宁愿坐享清福。但是，这些失业者都不是经济学家所关心的对象。经济学上所说的失业，是指“非自愿失业”。

如果向每一位失业者发放一份问卷，请他们填写失业的原因，那么每份问卷的答案可能都不会相同。但是，在经济学家看来，失业无非分为以下几个基本类型：

“摩擦性失业”是由于劳动力缺乏流动性、信息交流不完全以及市场组织不健全所造成的失业。这种失业一般发生在人们处于不同地区、职业或生命周期的不同阶段，因而工作不停变动的场合。例如，人们搬到一个新城市后需要寻找工作；一个人由于某种职业不够理想而想寻找其他职业

所引起的暂时性失业；大学毕业生寻找第一个工作时需要花费一段时间，从而导致一时性失业；妇女在生完孩子后可能需要重新寻找工作，等等。这些在劳动力流动过程中造成的失业，以及一些新加入劳动力队伍或重新加入劳动力队伍过程中的失业均属于摩擦性失业。

经济产业的每一次变动都要求劳动力的供应能迅速适应这种变动，但劳动力市场的结构特征却与社会对劳动力的需求不相吻合，由此而导致的失业被称为“结构性失业”。例如，由于工艺发生重大变化，一部分人可能缺乏新工艺所要求的那种训练和技术，他们可能难以被雇佣；在经济发展过程中，有些部门发展迅速，而有些部门正在收缩；有些地区正在开发，而有些地区经济正在衰落，这也足以导致一部分人失去工作；有的公司对年龄、性别和外来人口的歧视也会造成结构性失业。在这种情况下，往往会出现“失业与空位”并存的现象，即：一方面，存在着许多无人做的工作“空位”；另一方面，又存在着许多人无工作的“失业”。

由于某些部门的间歇性生产特征而造成的失业叫做“季节性失业”。例如农业部门在春耕和秋收季节，就业人数会增加，而在农闲季节的就业人数会减少；一些加工业如制糖业，在一年内的生产也有淡季与旺季之分，在淡季也会造成暂时的失业；在建筑业和旅游业中此类失业也表现得很明显。

按照古典经济学家的假设，若工资具有完全的伸缩性，则通过工资的调节，便能实现人人都有工作。这就是说，如果劳动的需求小于供给，则工资下降，直至全部工人均被雇佣为止，从而不会出现失业。但由于人的本性不愿使工资收入下降，而工会的存在及最低工资法均限制了工资的下降，从而使工资具有能升不能降的所谓“工资刚性”。这种工资刚性的存在，便会使一部分工人无法受雇，从而出现失业，这类失业在经济学上被称为“工资性失业”。

尤其令经济学家关注的是“周期性失业”。它来自于经济周期的循环波动。在复苏和繁荣阶段，各厂商争先扩充生产，就业人数普遍增加；在衰退和谷底阶段，由于社会需求不足，前景暗淡，各厂商只得纷纷压缩生产，大量裁减雇员，形成令人头疼的失业大军。

经济学家还经常提到一种失业，叫“隐蔽性失业”。这是指表面上虽然有工作，但实际上对生产并没有作出贡献的劳动者。当经济中减少就业人员后而产量并没有下降时，就可以认为是存在着隐蔽性失业。例如，如果经济中就业人数为3000万，当减少300万就业人员后国民生产总值却并不见减少时，便可以认为该经济中存在着10%的隐蔽性失业。人们有时讲到“三个人的活五个人干”，实际上就道出了有两个人是属于隐蔽性失业者。这种失业带来的最大后果就是劳动纪律涣散和工作效率低下。

不管在哪个社会中，失业的代价都是高昂的。失业导致了部分劳动力资源的闲置和浪费，使生产规模缩小，经济成长放慢；政府税收减少，社会福利支出增加，财政负担加重；失业使人们的收入减少，令失业者遭受贫困和精神痛苦；同时，过高的失业率还会影响社会的安定，进而产生其他的社会问题。

而从整个经济来看，失业在经济上的最大代价就是实际国民生产总值的减少。美国著名经济学家阿瑟·奥肯曾于1962年提出了一个引人注目的新发现，这一发现被称作“奥肯法则”。该法则说明的正是失业率与实际国民生产总值增长率之间的精确联系。根据统计数据，奥肯看到了与既定的短期失业率增加相联系的是国民生产总值的减少，二者呈反方向的比例变化。这种变化关系表明，高增长率使失业率降低，低增长率则会提高失业率。他据此还指出，一般来讲，失业率与实际国民生产总值缺口之间的比率是1∶2.5，即失业率每增加1%，则实际国民生产总值会减少2.5%左右。由此，反过来讲，如果要使失业率降低1%，则国民生产总值

就必须增长约2.5%。在许多国家实践的检验过程中，奥肯法则都显示出了令人吃惊的正确性。当它被引用于西方福利经济学后，力图表明这样一个问题，即：失业需要付出福利成本作为代价，失业率每增加1%，福利成本就要占潜在产出水平的2.5%左右。

现在人们一般认为，奥肯法则描述了产出市场和劳动市场之间的极为重要的关系，使政府能够计算出短期内国民生产总值与失业率的变动关系，同时，它也为一个国家经济增长与福利支出规划的制定，提供了一个统计资料上的依据。

贝克尔的人力资本理论

●只要一种稀缺的资源有多种用途，那么，与它有关的选择问题，就可以纳入经济学的范畴。如此看来，经济学可以研究人的一生应怎样度过，因此，贝克尔刊：经济学为“利用生命的艺术”。

1968年，瑞典中央银行为了纪念本国科学家和实业家诺贝尔，同时也是为了庆祝该行成立300周年，发起设立了第六项新的奖励基金，即诺贝尔经济学奖。获此殊荣的大部分人，都是因为对经济理论本身的发展作出了巨大贡献而获奖，但也有为数不多的几个，在理论上并无建树，而是由于将经济学的研究方法应用到其他领域，而登上了诺贝尔经济学奖的领奖台。美国芝加哥大学教授加利·贝克尔便是其中最著名的一个。

在贝克尔看来，经济学之所以成为一门科学，原因不在于它的研究对象，而在于它的研究方法。这种方法虽然发端于人类对经济问题的思考，但却可以被应用到人文科学的任何一个领域。只要一种资源有多种用途，而它本身又是稀缺的，那么，有关这种资源的分配和选择问题，便均可以纳入经济学的范畴，均可以用经济学的方法来加以研究。从这个意义上

讲，不仅金钱、财富，而且时间和人的精力乃至人的一生应该怎么度过，都是经济学的问题。因此，贝克尔借用萧伯纳的一句格言来描述他的方法论：“经济学是充分利用生命的艺术。”

正是由于贝克尔对经济学的本质有着透彻、精辟的认识，对经济学的分析方法，运用起来达到了炉火纯青、驾轻就熟的地步，因此他一生的学术研究，如天马行空一般，涉及了经济学以往从未染指的许多内容：从结婚生育到子女抚养、从家庭结构到社会教育、从夫妻离婚到抢劫犯罪、从歧视行为到利他主义，所有这些似乎与经济学毫不相关的问题，贝克尔都用一套严谨的经济模型作出了解释，得出了一系列常识无法论证的结论。下面我们就从人力资本这个话题入手，浏览一下贝克尔的几个观点。

1957 年，当时的苏联成功地发射了人类第一颗人造卫星，标志着苏联的空间技术和电子技术，以及材料科学等都达到了世界领先水平。这件事极大地刺激了美国的政界和科学界，美国政府对本国未来的军事优势和科技前景十分忧虑，于是，便召集专家学者来研究美国的科技发展状况，分析美国在空间技术方面落后于苏联的原因。在经济学界，一大批中青年学者将关注的目光集中在教育领域，重点探讨了教育投资对科技发展的作用，形成诸多有影响的研究成果，贝克尔 1963 年出版的《人力资本》一书，便是其中的代表作。这部书的突出贡献在于，它没有像以前的研究那样，仅仅论述人力资本的重要性，而是把经济学的分析方法引入教育领域，解释了人力资本的形成过程。

贝克尔在分析人力资本的形成时，特别强调了在职培训的作用。他认为工人通过直接在生产中学习新技术，固然能够增加人力资本存量，但这个过程非常缓慢，一个比较主动的办法是在职培训。和投资于机器、设备、厂房相比，只要投资于人力资本能取得更高的收益，在职培训对企业来说就是有利的。同时“培训会增加现期的支出，减少现期的收益，但

是，如果它可以大幅度地提高未来的收益，或者大幅度地降低未来的支出，企业就乐于提供这种培训”。为了说明这个问题，贝克尔进一步将培训分为两种：一般培训与特殊培训。所谓一般培训，就是职工接受培训所获得的知识、技能，不但对本企业有用，而且对其他企业也是有用的。例如军队培养的机械师，其技术不仅军工企业需要，民用企业也需要。特殊培训又称专门培训，它可以大幅度地提高本企业的生产率，但对其他企业的影响很小，或根本没有影响。如宇航员、战斗机驾驶员、导弹操纵人员等，都是典型的特殊培训或专门培训。在区分了两种不同性质的培训之后，贝克尔进一步指出，一般培训的受益者是职工，因为他所掌握的技术，可以带到其他企业，从而增加职工自己的收入。所以，一般培训的费用，应该由职工支付，如果让企业承担，企业就有可能由于雇员的流动而蒙受损失。相比之下，特殊培训的好处，则大部分被企业占有，因此，企业应该为此支付成本。

如果说由于贝克尔的开创性工作，后来的经济学已经把人力资本理论当作了自身的一个部分，那么贝克尔对生育率的分析，则至今仍与传统的经济学相距甚远。在贝克尔看来，孩子就如同耐用消费品，其功用和汽车、电冰箱、电视机等是一样的，可以给父母带来比较长久的满足。但是，养育孩子也要支付成本，包括直接成本和间接成事两部分。直接成本是用于食物、衣服、保健、娱乐、上学等方面的费用。间接成本又称机会成本，指父母为养育孩子而失去的机会，或利用这种机会所带来的收入，比如母亲可能由于怀孕或抚养孩子而丢掉工作等。贝克尔认为，父母在养育孩子方面，同样要遵循成本—效益分析，这一点有助于解释，为什么富裕家庭的孩子较少，而贫困的家庭，却往往倾向于生较多的孩子。与贫困家庭相比，富裕家庭的父母，一般都有较高的薪水，以及比较舒适的工作环境等，因此为了养育孩子，他们支付的机会成本无疑更高一些。同时，富裕家庭总是希望孩子能有较高的质量，愿意在孩子的教育和身体状况方面多花费支出，这就是说，他们养孩子的直接成本也是很高的。这样一来，权衡利弊，比较富裕的父母，就倾向于要较少的孩子。

与任何一种新思想刚刚出现时所遇到的情况一样，贝克尔的学术观点也曾遭到过极端的歧视。他的文章迟迟得不到发表，保守的学术同行经常在公开场合对他进行讥笑和嘲讽。然而，随着时间的推移，越来越多的人接受了贝克尔的主张，经济分析在解释许多“非经济现象”方面获得了空前的成功。尽管贝克尔的研究经常涉及一些“鸡毛蒜皮”的小事，他的选题还称不上“伟大”，但他的工作的确证明了经济学的“伟大”，可以应用于人类活动的各个领域，也正因为如此，瑞典皇家科学院才将 1992 年的诺贝尔经济学奖授予了他。

财政税收理论

税率的“禁区”

谁最后买单

李嘉图—巴罗等定理

乘数效应：经济学中的“三极管”

经济的内在稳定器

财政政策与货币政策的组合拳

税率的“禁区”

●主张以大幅度减税来刺激供给从而刺激经济活动的供给学派认为：税收并不总是随着税率的增高而增高，当税率高过一定点后，税收的总额不仅不会增加，反而还会下降。

20 世纪 30 年代的大危机促成了凯恩斯主义，其所提出的需求管理政策被西方不少国家长期奉为“国策”。但是，“玫瑰色的繁荣期”过去后，“服用”凯恩斯药方的国家却纷纷得了相同的后遗症：“滞胀”，即经济停滞与通货膨胀并存。这一令人头疼的现代顽症弄得各国政府顾此失彼、进退两难：如果继续按照凯恩斯的主张刺激需求，那么，就要设法增加政府收入，提高税率和实行更大的赤字预算，这将使通货膨胀更加恶化；如果与凯恩斯政策决裂，采取紧缩措施以抑制通货膨胀，又会导致生产失去引诱力而萎缩，最后造成经济衰退。在这种情况下，如何医治“滞胀”这个恶疾，便成了现代西方经济学家研究的重点。其中，南加利福尼亚商学研究生院教授阿瑟·拉弗提出的“拉弗曲线”理论因被里根政府采纳而轰动一时。

有一则逸闻谈到“拉弗曲线”的诞生：为了说服当时福特总统的白宫

助理切尼，让他明白只有通过减税才能让美国摆脱“滞胀”的困境，宴会上的拉弗即兴在餐桌上画了一条抛物线，以此描述高税率的弊害。他指出，当税率提高到一定程度后，不仅增加财政收入的愿望要落空，而且也使通过刺激需求来刺激生产的初衷适得其反，最终导致经济衰退与通货膨胀并存。这个理论得到同来赴宴的《华尔街日报》的副主编贾德·万尼斯基的极大赞赏，他利用记者身份在报纸上大肆宣传，很快便使减税的主张博得社会各界的认同，“拉弗曲线”的影响从此遍及欧美大陆。

拉弗全面否定了凯恩斯的需求管理政策，指出正是由于人为地、经常地刺激需求，使物价不断上涨，这一方面带来了严重的通货膨胀，另一方面又削弱了社会购买力，致使经济增长缓慢甚至停滞。因此，他认为，应该刺激的恰恰不是需求，而是供给。企业家之所以扩大生产规模，主要的诱因还是利润，特别是除去纳税和各种杂费之后的净收益，因此，对收入增加部分所课的税率，对企业主考虑扩大投资规模是否合算，是一个举足轻重的关键因素。所以，政府应该确定一个合理的税率，使其既刺激企业主投资，又不会减少政府太多的收入。这便是“拉弗曲线”致力说明的内容。

如果在纸上画一个开口朝下的抛物线，令抛物线的高度表示税收，两个底端的连接线表示税率，再把这横竖两条直线交叉成一个直角坐标，这便构成了一个标准的“拉弗曲线”，它表明了税收与税率之间的关系：当税率为零时，税收自然也为零。而当税率上升时，税收额也逐渐增加。当税率增加到一定点时，税收额达到抛物线的顶点，这就是最佳税率。如进一步提高税率，则税收额将会减少，因为税率过高使企业只有微利甚至无利，于是他们便会心灰意冷，纷纷缩减生产，使企业收入降低，从而削减了课税的基础，使税源萎缩。当税率达到100%时，就会无人愿意投资和工作，政府税收也降为零。

可见，税收并不总是随着税率的增高而增高，当税率高过一定点后，税收的总额不仅不会增加，反而还会下降。因为决定税收的因素，不仅要看税率的高低，还要看课税的基础即企业收入的大小。过高的税率会削弱经济主体的活动，从而缩减了课税的基础，最终导致税收总额的减少。因此，高税率不一定有高税收，而较低的税率反而可以获得最大的税收。拉弗把超过最佳税率点的部分称为“禁区”，认为当税率进入禁区后，降低税率是政府刺激生产、鼓励投资，从而增加税收的惟一可行政策。

拉弗进一步指出，美国当时的税率已高得使私人企业只能削减生产，而政府要增加收入以扩大开支，又不得不使这个高税率再提高，于是，政府税收不但没能增加，反而继续下降。因为高税率使商品的生产成本增加，净利润减少，从而严重地挫伤了人们的劳动热情；另一方面，高税率致使储蓄下降，而储蓄减少将使利率上升，高利率又使企业投资萎缩，进而导致生产率增长缓慢，出现商品的供给不足；若这时再人为地扩大需求，通货膨胀必因此加剧，从而使投资进一步萎缩，生产更加停滞……

因此，根本的出路在于削减政府开支，用大幅度减税的政策代替刺激需求政策，大力降低税率。这样，经过一定时间的阵痛后，政府的税收便会有较大程度的增长。因为税率降低，可使私人企业的利润增加，这不仅可以鼓励私人投资，还可以提高私人企业的投资能力。于是，“经济供给面”将受到刺激，生产增加，征税面扩大，税源充足。虽然就单项产品而论，税收看似减少了，但由于征税的产品数量大大增加，政府的税收总额将远比减税前大得多，这样，既可复兴经济又可改善财政与就业，一举多得。

这个在餐桌上诞生的经济学理论，得到了美国前总统罗纳德·里根的支持。在1980年的总统竞选中，里根将拉弗所阐述的这条曲线作为“里根经济复兴计划”的重要理论之一，并提出了一套以减少税收、减少政府

开支为主要内容的经济纲领。里根执政后，又任命了一些主张减税的人士进入他的经济管理班子，而其减税的幅度，在美国历史上实为罕见。当华盛顿的大钟敲响了1984年12月31日24点之后，美国政府在回顾以往四年期间的通货膨胀率连连下降、经济增长出现当时少有的景气时，不少人认为“拉弗曲线”理论立下了汗马功劳。而以拉弗为代表的、主张以大幅度减税来刺激供给从而刺激经济活动的人，便统统被称为“供给学派”。

谁最后买单

●国家对某一类商品课税，纳税人并不一定全部承担相应的税负，他可能将其中的一部分转嫁给了别人。税收政策的设计必须充分地注意这一点。

你与你的一位朋友到饭店吃饭，最后他结了饭费，我们通常说，他是买单者。不过请注意，如果你的这位朋友有一定的神通，可以将饭费拿到别处——比如国有的公司——去报销，这时，他就将这笔支出转嫁给了国家，此时最后的买单者不是他，而是全体公民。明白了这一点，有助于让你保持清醒的头脑。如果一个人在你面前一掷千金，你不要被他的假象所迷惑，简单地认为这个人很慷慨或是腰缠万贯，实际上，他很可能是个穷光蛋+吝啬鬼，他请你吃饭，仅仅是想做个顺水人情，甚至是乘机打一打自己的牙祭。既然日常生活中的现象都如此复杂，在经济学的领域中就更是自不待言了。比如国家对某种商品的生产征税，从表面上看是这种商品的生产者缴纳了税金，实际上，他可能并没有承担所有的税负，或者只承担了一部分，而将其余的部分转嫁给了别人，这就是税收的转嫁和归宿问题，是财政理论一个非常重要的内容。

如果你要进一步了解，纳税人是怎样将税负转嫁给别人的？他转嫁了税负的多大一部分？要回答这个问题，我们就得首先学习一个经济学的概念——弹性。弹性的数学含义是两个变量的变化率之比。一种商品，比如说面包，如果它的市场售价增加了10%，供给相应地增加了15%，那么面包的供给弹性就是1.5；同时，如果面包的价格上涨以后，居民转而消费更多的米饭，对面包的需求减少了，减少的比例是5%，那么面包的需求弹性就是0.5。不论是供给弹性还是需求弹性，只要弹性系数小于1，我们就认为是缺乏弹性的；相反，如果大于1，则是富有弹性。一般来说，如果一种商品的供给弹性很大而需求弹性很小，国家对这种商品课税，税负将更多地由消费者承担，反过来，如果供给弹性小而需求弹性大，那么这种商品的税负将更多地落在供给者的身上。这个结论尽管看起来有点复杂，但却跟我们在日常生活中的感受是一致的。比如你要参加一个非常重要的会议，急需买一套像样的西装，在买与不买之间回旋的余地很小，也就是需求缺乏弹性，那么，如果你的这种心思被服装摊的摊主摸透了，他就会乘机抬高价格，“宰”你一刀，情急之下，你也只好任“宰”。要是抬高的这部分价格，可以比作是一种“税”的话，那么，相应的税负就由你承担很大一部分。所以，那些善于杀价的人，总是力图掩饰他的真实想法。一种商品，即使非常喜欢，他也表现出可买可不买，一副无所谓的样子，甚至磨磨蹭蹭的假装离去，心里却希望摊主将他叫回来。用经济学的术语来描述这种状态，就是他的需求表现得很有弹性，面对这样的买主，摊主只好忍痛割爱，降低售价。

为了让大家更深入地理解弹性与税负转嫁的关系，我们不妨看一个对面包征税的例子。假定在政府对面包课税之前，面包市场供求平衡的销售量是100吨，均衡价格是每袋2元；在这2元中，既包含了供给者生产面包的成本，也包含了正常的利润。现在，政府决定对面包征课销售税，每袋的税额是1元，那么要保持和原来一样的利润，供给者就得把面包的售

价提高到3元。如果消费者对面包的需求完全没有弹性，也就是说，不论面包的价格是多少，居民的需求量总是100吨，那么，他们就得被迫接受每袋3元的售价，纳税人将税负完全地转嫁给了消费者。另一种极端的情况是供给完全没有弹性，生产者在短期内无法将面包的产量迅速地降下来，但需求却非常有弹性，售价稍高于2元，居民的需求会迅速地从100吨降为零，这样一来，生产者为了将面包卖出去，就不能维持每袋3元的高价，而只好把价格降下来，并一直降到原来每袋2元的水平，这时的税负一点都没有转嫁出去，全部由生产者自己来承担了。大多数的情况则介于两者之间，政府课税一方面提高了面包的价格，另一方面又降低了面包的产量，比如在销售70吨和售价2.6元时达到了新的平衡，这时消费者买面包要比以前多花0.6元，承担了税负的60%。而生产者虽然在名义上缴纳了1元的税金，但在扣除了这部分税金之后，每袋面包只比以前少卖了0.4元，因而他并没有承担所有的税负，而只是承担了其中的40%。

如果我们把政府提供的补贴看做是一种反向的税收，那么转嫁依然是存在的，而且，利用上面的分析方法，我们同样可以分析这些补贴最终转嫁给了谁。比如在政府向农民提供补贴之前，小麦的市场售价是每公斤3元。现在为了调动农民生产小麦的积极性，政府决定对每公斤小麦提供1元的补贴，结果当年的小麦大幅度地增产了。但小麦是一种生活必需品，它的一个重要特点就是需求弹性很小，当人们消费了一定的面粉之后，小麦的价格再低，人们也不会大量地增加自己的消费。这样一来，小麦增产以后，就无法维持原来每公斤3元的价格，而被迫大幅度降低售价，比如在每公斤2.2元时实现了供求平衡，此时农民只得到了政府补贴的20%，其余的80%转移给了消费者。在这里，政府对小麦提供补贴，本来是想保护农民的利益，但由于存在补贴的转移，农民只得到了一小部分好处，这无疑会削弱了政府扶持政策的力度。如此看来，单纯依靠补贴，无法有效

地调动农民的生产积极性，所以西方国家常常在提供补贴的同时，还要辅之以其他政策，比如说限额。

经济学之所以非常重视税负的转嫁与归宿，是因为其中蕴含着明确的政策含义。谁最后买单对公平和效率的影响很大，如果税负的转嫁过多地损害了富人的利益，就会影响他们的工作积极性，带来效率的损失；反过来，如果将税负过多地转嫁给了穷人，减少了他们的收入，就会有碍于社会的公平。因此为了兼顾公平和效率，在设计税收结构时必须要考虑税负的转嫁与归宿问题。同时，上面的讨论还有助于我们理解，为什么西方国家在总统选举中，各候选人会在税收问题上持有不同的主张，原因在于，为了争取不同的选民，他们总是力图避免税负转嫁损害这类人的利益，或是通过补贴，间接地为这些人提供好处。在这种情况下，那些分布特别分散，组织起来特别困难的群体往往要受损，而获益的则是那些活动能力强，比较容易组织在一起的群体。

李嘉图—巴罗等价定理

●今天的公债，就是明天的税收。因此，不论是用征税的方式来增加收入，还是发行公债来应付支出，它们的经济效果是等价的。

19 世纪初，拿破仑在欧洲大陆挥师南北、征战东西，德意志伏在他的脚下，奥地利屈从于他的军刀，土耳其苟延残喘，西班牙惟命是从，俄国沙皇亦步亦趋，大英帝国也被他搞得焦头烂额。为了对抗法国，英国使用金钱和外交手段，组建了反法同盟，这使它军费开支日趋庞大，国库入不敷出。如何解决军费的筹措问题，是课税还是发行公债？英国国会为此展开了激烈的争论。争论的焦点就在于，这两种筹资方式，其经济效应有什么差别，哪种方式对减少居民的消费支出，紧缩国内经济的负面影响更大一些。李嘉图认为，无论是以征税的方式来筹措军费，还是用发行公债的方式来应付支出，其效应都是等价的，即政府选择哪种融资手段，与其最终的经济效果无关。20 世纪 70 年代，美国预期学派经济学家巴罗继承并发展了这一观点，于是后人便称之为李嘉图—巴罗等价定理。

在这两种筹资方式的选择中，以马尔萨斯为代表的一派人认为，大量的征税会紧缩国内经济，相比之下，发行公债的负效应可能会更小一些。

比如说，每年的军费开支需要2000万英镑，平均每人每年要捐纳100英镑，如果采用课税的方式，劳动者就得设法迅速从收入中节约100英镑，这无疑会减少消费需求，导致需求不足，带来严重的经济紧缩。然而，如果发行公债，则每个劳动者只需支付这100英镑的利息，在年利率为5%的情况下，政府只要向每个人增加5英镑的税收，也就是说，每个人只需在支出方面节余5英镑，即可解决问题。这样一来，劳动者仍像以前那样富足，不会大幅度地减少消费，因此其副作用会更小一些。李嘉图则认为，这纯粹是一种错觉。发行公债与课税的差别，仅在于公债要偿付利息，但利息的偿还，只不过是将一部分人的收入转移给另一部分人，即把纳税人的收入转移给公债的债权人，并不改变英国财富的总量。不论采取哪种方式，英国每年筹集2000万英镑支援其他国家，它自己都会损失2000万英镑；这无疑会减少劳动者的收入，降低个人的消费支出，所以，这两种方式的经济效果是完全相同的。

对于李嘉图的等价定理，我们也可以换一个角度来理解。假定政府决定用公债来代替税收，一方面减税，使每个家庭的收入增加100英镑。另一方面，为了弥补税收收入的减少，发行年利率为5%、偿还期为1年的公债，发行量与减税总额相当，这些公债虽然不是每个家庭都必须购买，但平均到每个家庭头上，仍然是100英镑。面对这样的变化，每个家庭的消费支出会作出什么样的反映呢？按照李嘉图的观点，由于每个家庭都会意识到，将来政府会用增加税收的方式，偿还公债的本金和利息，因而它们会把因暂时的减税而增加的100英镑储蓄起来，以保持原来的消费计划不变。到了第二年，当政府为还本付息而增加105英镑的新税时，劳动者正好可以用100英镑储蓄的本金和利息缴纳，其原来的消费计划仍然继续保持。由此可见，当政府为某一支出项目而筹措资金时，究竟是增加税收还是发行公债，对消费者来说是无所谓的，其行为不会因公债对税收的替代而发生变化。

西方宏观经济学非常重视李嘉图的等价定理，因为宏观经济理论的创始人凯恩斯主张“相机抉择”，就是在需求不足时，政府应采取赤字预算，用发行公债的方式筹措资金，增加政府的支出，带动国内需求的增加；相反在经济高涨时则保持预算盈余，以便抑制通货膨胀。如果李嘉图的等价定理成立，即发行公债和增加税收一样，会带来个人消费支出的减少，那么，政府预算赤字所增加的需求，就会被居民消费的减少所抵消，相机抉择就不起作用了。正是站在反对凯恩斯主义的立场上，美国预期学派经济学家巴罗坚持并发展了李嘉图的观点，他的发展表现在，李嘉图的等价定理面临着一个基本的困难，就是公债的偿还毕竟是未来的事情，也就是说，用公债来替代税收，有一个延期支付的问题，对一些长期公债，比如10年期、20年期的公债而言，延期的时间还是很长的。但每个居民都不会长生不老，如果他们意识到，死亡可以逃避将来的税负，那么消费者从利己的角度出发，必然会在公债代替税收以后，增加现期的消费支出，而不是保持不变，这样，等价定理就不成立了。

为了推广李嘉图的等价定理，巴罗发表了一篇著名的论文，叫《政府债券是净财富吗?》，文中提出了一个独创性的观点，就是消费者有将一部分财产留给后代的动机，这种动机是利他的。即消费者不仅关心自己的消费，而且关心其子孙后代的消费，这样一来，是由他本人来承担偿还公债本息的税负，还是由他的后代来承担，就没有区别了。比如，由于政府用公债来代替税金，一个消费者在初期减少了100英镑的税负，在巴罗看来，即使这个消费者知道自己活不到偿还公债的那一天，也不会增加自己当前的消费。因为这个人是个利他主义者，深知自己的后代要偿还公债的本息，所以他会将这100英镑储蓄起来，留给后代，而不是自己将它消费掉。这时，等价定理仍然成立，也就是说，纳税和买公债一样，会减少个人的消费。

尽管经过巴罗的发展，等价定理仍然是有问题的。原因就在于，无论是李嘉图还是巴罗，都将消费者作为一个整体，而没有分析其中的结构性因素。比如对那些富人来说，他们的收入很多，在扣除了消费支出以后，还有一些剩余，在这种情况下，如果政府对富人发行公债，然后用所得的收入来接济穷人，就不会减少富人的消费，而增加了穷人的支出，站在全社会的角度来看，发行公债的结果就不是减少消费，而是增加了消费。但等价定理的这一点缺憾，并没有使得它黯然无光，因为它仍然留给我们一些有益的启示，解释了公债的本质。今天的公债，就是明天的税收，它的本金归根结底要用课税的方式来清偿，这一点无论是对内债还是对外债来说，都是适用的。

乘数效应：经济学中的“三极管”

● 增加某些支出通常要引起多倍的产量和就业量的变化。这种具有因果关系的扩展效应出现在投资、税赋和信贷领域，其所产生的经济结果被称为“乘数效应”。

装过半导体收音机的人都知道，三极管具有放大电讯信号的作用，当三极之一的基极电流增加时，会使另外两极，即发射极和集电极的电流出现数倍的增加。发射极和集电极的电流变化量与基极电流变化量之比，就叫做电流放大系数。

在经济生活中，也有着类似三极管的现象，说明这种现象的理论就叫做乘数原理。“乘数”这一名词，最初是来自人们对增加支出引致需求扩张现象的发现：即增加某些支出通常要引起一倍或多倍的产量和就业量的变化。这种具有因果关系的扩展效应出现在投资、税赋和信贷领域，其所产生的经济结果分别被称为“投资乘数”、“税赋乘数”和“货币乘数”。

当社会存在着闲置资源、闲置设备时，新注入的一定量投资能带来几倍于这个投资的社会总需求和国民收入，这个倍数，就是“投资乘数”。例如，某机械公司的孙老板对该行业的前景看好，他 1998 年的投资增加了10万元，这个单位的第一级投资，会引起一系列的投资增加：首先是投资品生产部门，其次是消费品生产部门。假如两个部门的投资共增加了30万元，这样，社会总投资就增加了40万元，实际上，这40万元通过购买成为了两个部门企业家和工人所增加的收入，就是说，国民收入增加了40万元，40万与10万之比，可知投资乘数为4。

为什么会出现这种乘数效应呢？这与全社会的边际消费倾向与边际储蓄倾向有关。假定人们的边际消费倾向是80%，那么，边际储蓄倾向自然便是20%。孙老板用10万元来购买设备和增雇工人，这10万元也就构成了投资品部门工人和企业家的收入。得到收入的人们自然会去消费，消费需求上升的结果是引起若干倍数的社会总收益的上升。例如，工人小李花了50元钱去买了10斤苹果，这样卖水果的小贩收益便增加了50元。小贩收到50元后，留下20%即10元钱去储蓄，拿其余的80%即40元去购买蔬菜，这又会令卖蔬菜的菜农收益增加40元。这时，全社会的收益共增加了90元。但是，这个过程不会结束，菜农也可以留下20%即8元去储蓄，其余80%即32元去买大米，这样，卖大米的农户又增加了32元的收益……如此连锁循环下去，社会最后的总收益为：50+50×80%+50×80%×80%+50×80%×80%×80%+……，通过数学上的极限求和，我们可以计算出其结果是250元。也就是说，在最初需求增加量50元的带动下，最终社会的总收益上升了250元，是最初需求增加量的5倍，这就是乘数效应的结果，5就是乘数。

把这个例子扩大到机械行业每一位新增收入的人员身上，那么，孙老板最初的10万元投资，就会导致一系列次级的消费再支出。尽管这一系列的再支出是永无止境的，但其数值却一次比一次减少，其最终总和为一个有限的数量。这个数量的大小取决于社会边际消费倾向和边际储蓄倾向，如果边际消费倾向是1/2，那么，我们可以计算出整个消费资料生产部门的总收入增加了10万元，结果社会总投资为20万元，是最初投资的2倍，投资乘数为2，是边际储蓄倾向的倒数；如果社会边际消费倾向不是1/2，而是4/5，就像上面的例子，那么相同的演算会得出乘数是5；如果社会边际消费倾向等于3/4，则乘数为4……它们统统都是边际储蓄倾向的倒数。如果边际储蓄倾向为1/x，则乘数为x。可以明显地看出，增加的消费再支出越多，投资乘数也就越大。

正如一把双刃剑，乘数既能从正面起作用，也能从反面起作用。当投资减少时，国民收入便会加倍的收缩。所以，通过乘数这个指标，就可以判断投资的变动所引起的社会总需求的变动，对国民收入和就业量增加或减少的影响到底有多大。因为，当投资增加后，国民收入的增量就等于投资的增量乘以投资乘数。

政府的开支是一种与投资的作用十分相似的高能支出，因此，它对于国民产出量也具有乘数效应。政府在商品和劳务上的一笔最初购买量，将会启动一连串的再支出：如果政府修建一条马路，修路工人将会用其收入的一部分购买消费品，这又会接着引起收入的增加，而这些增加的收入的一部分又会被花掉，过程如此反复，其最终效果与每增加一笔投资的效果是一样的：政府支出的扩大引起了国民收入加倍的扩大，而这一扩大的倍数也是边际储蓄倾向的倒数。所以，“政府开支乘数”与“投资乘数”完全是同一个数字。同样，这匹马也可以反方向来骑。如果政府开支下降，那么，国民收入的下降幅度将等于政府支出的下降量乘以政府开支乘数。于是，政府在商品和劳务上的开支，便成为决定产量和就业的重要力量。

税收的变动对国民收入也有加倍扩大或收缩的作用，这是因为，税收影响消费量，消费量影响投资量，投资量通过投资乘数对国民收入产生影响。由于这个传导机制，使得“税赋乘数”的数值比“投资乘数”要小，小的幅度恰为一个边际消费倾向因子。即：税赋乘数 = 边际消费倾向 × 投资乘数。例如，经济计划人员希望通过税收，以抵消新增加的2000亿元国防开支对经济的影响，那么税收应该增加多少呢？我们假定社会的边际消费倾向是2/3，那么，不难计算出，要令社会的可支配收入下降2000亿元，税收就必须增加3000亿元。也就是说，要抵消国防开支增加所产生的经济扩展效应，就需要税收比政府支出有较大幅度的增加。由于税赋乘数的作用，使得在对付失业和通货膨胀时，税收数量的变动几乎与政府支出数量的变动一样，同样是有力的武器。

在货币政策调节经济的过程中，商业银行体系创造货币的机制有着十分重要的作用。由于商业银行的活期存款本身就是一种货币，客户在得到商业银行的贷款后，一般并不取得现金，而是把所得到的贷款作为活期存款存入与自己有业务往来的商业银行，而这种活期存款就可以用支票在市场上流通。所以，银行贷款的增加，就意味着活期存款的增加，从而也意味着货币供应量的增加。这样，商业银行的存款与贷款活动就会创造货币，在中央银行货币发行量并未增加的情况下，使流通中的货币量增加。而商业银行创造货币的能力大小，取决于法定准备金率的高低。我们可以来看一个实例，假设法定准备金率为20%，最初某家银行吸收存款1000万元，那么它必须保留200万元作为准备金，其余的800万元则可以作为贷款放出去。得到这800万元贷款的企业将它作为活期存款，存入与自己有业务往来的另一家银行，该银行又留下其中的20%即160万元作为准备金，把其余640万元作为贷款放出去。如此下去，各个银行的存款总和便为：1000+800+640+512+……=5000万元。而银行的贷款总和则为：800+640+512+……=4000万元。可见，银行通过存款和贷款活动，“创造”了几倍于最初存款和贷款的货币，这个倍数，被称为“货币创造乘数”或“货币乘数”，即：存款（贷款）总额=最初存款（贷款）×货币乘数。不难看出，货币乘数是法定准备金率的倒数。

与投资乘数一样，货币乘数也从两个方面起作用：它既可以使银行存款与放款多倍地扩大，也能够令银行存款与贷款多倍地收缩。因此，中央银行调整法定准备金率对于货币供应会产生重大的影响，从而可以直接促进经济稳定或者导致经济波动。

经济的内在稳定器

●补偿性财政政策主张：在经济萧条时期，政府要增加预算开支，降低税率，提高社会总需求，造成赤字预算；而在经济繁荣时期，政府要压缩预算开支，提高税率，缩小社会总需求，造成盈余预算。

任何一个国家，都会有一定的公共开支，如基础设施、文教科卫、政法国防、环境保护等等，相应地政府就会筹措一笔收入来应付这些开支。正如一个家庭的收支安排需要理财人精打细算一样，国家的收入和花费也必须经过严密的计划、以尽可能满足公共需要和维持经济稳定，而这一经济活动的担当者便是政府预算，在西方经济学中，公共财政就等同于政府预算。

预算实际上是一个收支表，它表明的是一年中政府各项计划的预计支出与可望从税收取得的收入。收大于支是预算盈余，收小于支是预算赤字；而当税款收入与政府开支大体相等，那么，我们便说它达到了预算平衡。

至于政府如何做好财政年度预算，一直是经济学家们争论不休的问

题。在资本主义初期，经济发展的道路上充满阳光。在这条金光大道上，凭借着个人自由的营利活动，积累或储蓄起来的财富都转化成了资本，所以人们认为，政府的职责只是在生产之外为国民提供安全保障和公共福利，由此国家的财政活动也仅仅局限于单纯维持政府运转，是社会财富的一种纯耗费。因此，以威廉·配第和亚当·斯密为代表的古典经济学家，几乎一致反对赤字预算，认为赤字预算使政府公共活动扩大，会导致私人经济部门相对萎缩，并引起通货膨胀。他们坚信预算平衡才是理财正确的标志，因为只有平衡的预算才是稳健的财政，才有利于市场经济的均衡发展。他们主张，尽可能地减少税收负担是经济发展所必要的前提条件；并且每年的预算都应该保持平衡，使收支大致相抵，不能入不敷出；预算的数额不应当太大，花钱应很谨慎，支出的目的应当有严格的限制，坚决节制铺张浪费，等等。这种认识在经济学上被称为“廉价政府”和“中立税收”，而传统经济学所主张的这一套政府理财方针也就被称作为“健全财政原则”。

然而，从20世纪30年代大危机以后，财政政策具有了前所未有的革命性作用。为了救济成千上万的失业者而投入的大量政府支出，带来了经济的复苏；依靠累进所得税和遗产税等推行的税收政策，无形中起到了调整收入分配的作用；而其中具有重要意义的是，政府通过财政政策实现了保证生产要素全面利用的目标。这样，人们开始意识到，政府的作用不仅仅在于维持国内外的和平，而且还可以作为一国经济的公共部门进入生产领域，利用财政工具来保证经济的稳定增长。也就是说，政府可以通过扩展或收缩公共部门的经济活动来弥补私营部门投资的膨胀或不足，修补经济中出现的问题，如用较高的赤字来对付衰退，用较低的赤字或甚至是盈余来抑制通货膨胀等。自此，人们开始丢弃政府预算必须逐年或逐月地达到平衡这种观念，认为这种平衡可以在经过一个经济周期后达到，即可以

用繁荣时期的盈余来弥补萧条时期的赤字，这就是梅纳德·凯恩斯的“赤字财政政策”和阿尔文·汉森的“补偿性财政政策”所主张的内容。

为了尽快把西方国家从大萧条中“拯救”出来，凯恩斯投入了对国家预算问题的争论，他认为，可以利用财政预算赤字向经济中注入额外购买力，从而增加产量和就业，刺激整个社会的投资欲。他批评力求预算平衡的“健全财政”政策，指出，在经济萧条时期，财政收入显著减少，如果这时仍压低支出，以求预算保持平衡的话，势必使财政收入继续下降，经济进一步恶化，到头来仍然无法平衡预算。如果不死守教条，扩大支出，实行赤字预算，反倒可以带来经济“繁荣”，并增加财政收入，取得预算的平衡。

这种借助于有意的不平衡政府预算来稳定国民收入的主张，被凯恩斯主义在美国最得力的传播者、新古典综合派的先驱阿尔文·汉森教授进行了强调和重新阐述。他的《财政政策与经济周期》一书，是美国主要经济学家支持凯恩斯的财政预算主张及分析解释其理由的第一部著作。

汉森指出，由于财政政策是涉及税收和开支的政策，因此，它本身就是现代经济重要的“内在稳定器”：在经济繁荣时期，个人和企业的收入都得到增加，于是税收自然增加；另一方面，失业减少，低收入的人减少，于是失业保险支出和各种福利支出自动减少，收多支少自然使财政预算出现盈余。反之，在经济衰退时期，个人和企业的收入都减少了，于是税收自动减少；与此同时，失业保险和各种福利支出又自动增加，收少支多、财政预算便会呈现赤字。但赤字并不可怕，因为从一个经济周期来看，萧条时期的赤字可以用繁荣时期的盈余进行抵补，这样，在一个较长的时期内，财政仍然保持了其预算的平衡——这便是可以实行“赤字预算”的理由，因为“内在稳定器”能够熨平经济的周期性波动，保护国民收入的稳定增长。

虽然汉森阐释了“赤字预算”的理由，但他并不赞同持续的“赤字财政”。他认为，资本主义经济并不是永远处于危机之中，而是时而繁荣，时而萧条，因此，经济政策就不应以扩张为基调，而应根据经济中繁荣与萧条的更迭，交替地实行紧缩与扩张的政策。如果经济中存在通货膨胀的压力，政府就增加税收，减少开支，以此抑制物价上升，缓冲过热需求。如果经济中的失业率增高，私营部门投资不足，仓库和零售店的存货渐渐堆积，政府就减少税收，增加福利支付，推进计划中的基本项目，以此刺激经济，提高社会的总需求水平。由此，汉森提出了著名的“补偿性财政政策”的主张：在经济萧条时期，政府要增加预算开支，降低税率，提高社会总需求，造成赤字预算；而在经济繁荣时期，政府要压缩预算开支，提高税率，缩小社会总需求，造成盈余预算。按照这种政策，预算不必年年平衡，可以在萧条时期实行赤字预算，在繁荣时期实行盈余预算，做到整个经济周期内盈亏相抵。

汉森的不平衡预算原则，对西方各国的财政政策产生了极为深刻的影响，在整个20世纪50年代，美国基本上奉行的是补偿性财政政策。与单纯的扩张性财政政策相比，这种政策最突出的优点是不会产生严重的财政赤字与通货膨胀。而汉森的这一财政思想，通过他的哈佛财政政策研讨班，足足影响了一代学生，其中就有后来执西方经济学之牛耳的保罗·萨缪尔逊、加尔布雷思和詹姆斯·托宾等人。

财政政策与货币政策的组合拳

● 当经济出现波动时，政府便一手举起财政政策、一手拿上货币政策，对过热或过冷的经济进行部分或是全面的调理，直到使其“体温”恢复正常为止。

在所有现代国家，甚至那些主要依靠市场分配商品和劳务的国家，政府也会在某些领域发挥重要作用。比如，由于市场失灵，政府就必须在保证充分就业、维持物价稳定、促进经济适度增长、实现国际收支平衡等方面有所作为。

政府怎样才能担起历史赋予它的重任呢？这里并没有什么魔术般的秘密，政府所能依赖的，只能是经济政策工具。在政府的工具箱里，财政政策和货币政策是两个最主要的常规武器。政府通过公共开支和税收的变化，扩大或收缩社会的需求与供给，使经济沿着正常的轨道运行；而中央银行则通过调节社会中货币供应量的大小和利息率的高低，来影响投资和消费，使总需求和总供给趋于平衡。当经济出现波动时，政府便一手举起财政政策、一手拿上货币政策，对过热或过冷的经济进行部分的或是全面的调理，直到使其“体温”恢复正常为止。

如果把财政政策和货币政策视为政府调理经济的左右拳，那么，左拳的套路主要有两个：一是政府支出，二是税收。财政政策就是通过这两方面的变动来影响总需求，从而影响产量、价格和国民收入水平。

当经济持续衰退、失业率有增无减时，政府的左拳便开始动作。它可以通过扩大政府支出，如扩大公共工程、政府购买和其他开支，直接作用于社会总需求，使社会总需求中的政府支出部分提高，而政府支出扩大，又将通过乘数效应进一步扩大产量和就业，从而使衰退与失业得到减轻和消除。另一方面，它也可以通过降低政府对企业和个人的税收来刺激消费和投资，间接地扩大社会总需求，从而也能收到促使经济扩张、失业减少的效果。扩大政府支出与减税可以单独施行，也可以同时运用。由于它们旨在对付经济衰退和失业，因此这一套拳法就被称为“扩张性财政政策”。

当财政政策用于减轻或消除通货膨胀的缺口时，被称为“紧缩性财政政策”，它有一套与扩张性财政政策相反的拳法：削减政府支出和增税。由于政府支出的减少对产量和就业量的减少也有成倍影响的乘数作用，因此，削减政府开支和政府购买便可以直接减少过度需求，收到平抑物价和阻止通货膨胀上升的效果。另一方面，政府也可以通过增加税收减少人们的可支配收入，以减少消费和投资，减少过度社会需求，使物价趋于稳定。如前所述，削减政府开支与增税可以分别进行，也可以同时采用。

作为政府的右拳，货币政策最基本的套路有三个，即：公开市场业务、调整贴现率和调整法定准备金率。这三大货币政策习惯上被称为中央银行的三大法宝。

公开市场业务一般是逆向操作的。当经济显示出总支出不足、而失业有持续增长的趋势时，中央银行便在公开市场上买进政府债券，从而使债券价格上涨，利息率相应下降；同时，商业银行、保险公司、大商行、债券经纪人等把售卖政府债券的票款再存入商业银行，使商业银行的准备金

增加，活期存款多倍放大，从而市场上的货币供应量扩大，它又会使利息率下降。利息率下降会引起投资上升，从而引起收入、价格水平和就业上升。

贴现率作为中央银行的第二大法宝，它对经济的调节也是逆向的。为了增加商业银行的准备金，中央银行也给商业银行贷款，这称为贴现，其贷款利率便称为贴现率。当经济衰退时，就降低贴现率，扩大贴现的数量，以鼓励商业银行发放贷款，刺激投资。

商业银行为了获取最大利润，一般都倾向于按中央银行规定的下限来保留准备金。中央银行可以在法定的范围内改变商业银行的准备金来调节货币和信用供给，当经济衰退、失业增加时，降低准备金率，必要时甚至可以将准备金率降低至法定的最低限。准备金率的下降，可以大幅度地扩张商业银行货币和信用的基础，增大其贷款能力。

可见，在公开市场上买进政府债券、降低贴现率、调低法定准备金率都是用来对付经济衰退与失业的，因此，这一套拳法被称为“扩张性货币政策”。

同理，当经济显示出总支出过大因而价格水平有持续上涨的趋势时，中央银行就会采用“紧缩性货币政策”，它的套路正好与扩张性货币政策相反：当经济膨胀时，中央银行便在公开市场卖出政府债券，商业银行和其他机构买进政府债券便会向中央银行付款，这样，商业银行的准备金减少，活期存款多倍收缩，社会上货币供应量的减少以及债券价格的下降会使利息率上升，从而引起收入、价格水平和就业的下降；提高贴现率以收缩贴现的数量，限制商业银行发行贷款，抑制投资；政府也可以在经济膨胀、价格水平持续上升时，提高银行准备金率，直至法定的最高限。准备金率的提高，使商业银行按照较低的倍数来扩大贷款，缩小商业银行扩张货币和信用的基础，减小其贷款能力。

正如拳击手在比赛中既可以单拳出击，又可以双拳进攻，或是一手出击，一手抵挡一样，政府在运用财政政策和货币政策对经济进行调节和干预时，也可根据总的经济形势，相机抉择，将左、右两套拳法配合起来使用，以便能达到更好的效果。

具体说来，财政政策和货币政策的组合拳主要有以下四种："双松"，既在经济萧条时期，可以同时采用扩张性财政政策和扩张性货币政策，双管齐下，使经济所受到的刺激更为迅猛；"双紧"，即在经济高涨时期，同时采用紧缩性财政政策和紧缩性货币政策，使经济紧缩的程度更为强烈；"一松一紧"和"一紧一松"，即对宏观财政政策和货币政策实行松紧搭配，以使一种政策的副作用被另一种性质相反的政策抵消掉。例如，用投资优惠、减税、扩大政府支出等"松"的扩张性财政政策，来鼓励投资、增加就业；同时配合"紧"的收缩性货币政策以防止经济增长过程中出现通货膨胀。再如，用增加货币供给量、降低利息率和扩大信贷规模的"松"的扩张性货币政策来刺激投资，增加产量和就业；同时配合以"紧"的收缩性财政政策来减轻总需求对市场的压力，以稳定物价，防止通货膨胀。

货币理论

非中性货币论

菲利普斯曲线

持久收入假说

“单一规则”的货币政策

通货膨胀“谁”之过

收入指数化方案

非中性货币论

●在市场其他条件不变的情况下，银行降低利率，哪怕是十分微小，也会使物价持续地无限制上涨；相反，若将利率稍稍提高，则一切商品和劳务的价格都将持续地、无限制地下落。这一经济变动的理论就叫“维克塞尔累积过程”。

自萨伊开始，有不少西方经济学家都曾一度把人类社会看成是以物物交换为主的经济世界。在他们眼里，货币在交换中只不过是一种润滑油，它既不是机器的一部分，也不是原动力。一部灵巧的机器，只需要涂一点油就够了。对货币作用的这种估价，使他们得出荒谬的结论：商品供给恒等于生产者的货币收入；生产者的货币收入恒等于他们的货币支出；货币支出必然引出商品需求。这样，“供给自创需求”，国民经济会自动实现均衡。

由于货币仅仅被视为一种交换的媒介物，对经济活动不发生任何影响，所以，从萨伊到马歇尔，在他们研究的理论体系内，价格理论和货币理论都是互相独立的两张皮。在论述价格形成时，只分析商品的需求和供给，货币不过是一件外衣，本身在价格形成过程中不起任何作用。在论述货币的时候，货币数量的增减被视为价格涨跌的主要原因，而商品价格在这种情况下的同比例的涨落，并不影响相对价格体系，变动的仅是物价水平的高低。

这个时期，有一位从不被人注目的瑞典学者克尼特·维克塞尔，提出了与以往学者截然不同的关于货币的新学说：非中性货币论。他认为，必须对货币的作用进行再认识。在静态分析中，如果有必要用货币单位进行表现时，须假定它只具有交换手段的职能，这时，货币对经济不产生影响，它的性质是中性的，故可称为“中性货币”。但是，在现实的商品交换中，货币除了作为流通媒介外，还有贮藏手段和支付手段的职能，如有的人卖出货物，并不想买进，而只想把货币积储起来；有的人在买入一批货物后，经过相当一段时间才能卖出。因此，货币实际上与一般财货相对等，并且是交换中一个十分重要的因素。从货币和银行信用对经济有着事实上的深刻影响这一方面来看，货币恰恰应该被看做是“非中性的”。

这样，维克塞尔第一次将经济学的价值分析和货币分析连接起来，并把时间因素引入经济理论，使经济学的分析不再停留在如斯密或瓦尔拉式的静态分析上，而是转向了宏观动态分析。仅此这一点，维克塞尔的名字就足以永留经济理论的史册。后来的西方经济学家熊彼特，在他的巨著《经济分析史》一书中，把开创了经济学新时代的这位了不起的先驱称为“瑞典的马歇尔”，“第一流的权威”，是“北欧经济学派的顶峰”。

由于货币是非中性的，因此购买过程和销售过程被分隔成了两个独立的阶段，大多不在同时进行，这样，供求的均衡便很难自动实现。那么，怎样才能实现经济的均衡呢？维克塞尔主张用利率来调节商品的价格，使不能自动均衡的经济恢复均衡。他从庞巴维克的资本利息理论中搬来了两个概念——自然利息率和实际利息率，以说明利息率是怎样影响商品的价格的。

所谓“自然利息率”，维克塞尔认为：它是一种既不会使商品价格上涨，也不会使之下跌的利率。在不使用货币，一切借贷均以实物资本形态进行的情况下，由借贷资本供求所决定的利率，就是这样一个利率。让我们暂且置身于没有货币的实物经济社会，可以想象，企业家从资本家那里以实物形式借入资本，并以实物形式支付工资、地租等，生产结束时，他要用产品偿还原先的借款，并支付利息。这样，企业家以实物资本获得剩余收益即最初利息。如果所得利息大于当初向资本家借入实物资本时商定的利息，其差额就成了企业家的超额利润。然而，企业家之间进行着剧烈的竞争，结果是最初利息与商定利息相一致，超额利润消失。换言之，通过实物资本而获得的全部剩余即实物利息与商定利息完全相等。这便是维克塞尔称为的“自然利率”，它实际上是新形成的资本的预期收益率。

在说明了自然利率之后，维克塞尔根据庞巴维克关于金融市场上的借贷利率即“实际利息率”与自然利息率有差别的想法进行扩展，形成了以下观点：当实际利率低于自然利率时，企业主认为有利可图，于是增加贷款，扩大投资，积极购买原料、劳动力和土地。由于竞争，他们必然要出较高的价格购买，结果使原料生产者、劳动者及土地所有者的收入增加。由于这些人对消费品的需求增加，从而必然造成物价上涨。而且这一过程是累积的，物价上涨后，人们预期还要进一步上涨，于是销售者索取高价，购买者以预计的上涨的物价为标准进行计算，仍愿意购买，这个时候，单靠银行把利率恢复到原来水平，还是不能阻止价格上涨。如果银行继续降低利率，则会同时有两种势力在活动，促使价格上涨得更为迅速。相反，假如实际利率高于自然利率，则一切会向相反的方向进行，也就是说，将形成一种物价下降、经济活动衰退的累积过程。

维克塞尔由此得出结论，利率和物价之间有一种必然的因果关系。只要在市场其他条件不变的情况下，银行持久地降低利率，哪怕是十分微小，也会使物价持续地无限制上涨；相反，若将利率稍稍提高，并提高到足够长的时期，则一切商品和劳务的价格都将持续地、无限制地下落。这一经济变动的理论便是后来被西方经济学家经常引用的“维克塞尔累积过程”。

那么，推进物价的上涨风怎样才能遏制呢？维克塞尔认为，只有银行持续地大幅度提高利率，使其超过自然利率，才能阻止物价的涨势。在这一基础上，维克塞尔形成了他著名的“货币均衡原理”。该理论的中心意思是，经济波动的原因是在货币方面，而不在生产方面。在没有货币的实物经济中，自然利率归根结底取决于资本的边际生产力，这时预计的储蓄与投资相一致。在货币经济下，由于自然利率同市场利率有相背离的倾向，所以要克服这种背离，就必须使货币利率趋向于自然利率，不让货币对自然利率的变动产生影响。为此，就要使市场利率同自然利率相一致，谋求实现储蓄与投资的均衡。而与自然利率相一致时的货币利率被维克塞尔称为正常利率，他认为只有实际利率与正常利率相等，物价才会保持稳定，经济才能实现均衡。这意味着在现实的货币经济下，如能以同自然利率相等的利率进行资金的借贷，就能像没有货币时一样，经济时刻保持着它自己的均衡。

菲利普斯曲线

● 如果用菲利普斯曲线来指导政府的宏观调控，那么就要求政府在两难中权衡利弊、作出选择：或者以较高失业率去换取较低的通货膨胀率，或者以较高的通货膨胀率去换取较低的失业率。

“通货膨胀”与“失业”，这两把寒光闪闪的利剑，自1929—1933年世界性经济危机后就一直高悬在西方各国政府的头上，令政府当局深为苦恼和不安。自凯恩斯开始，保持充分就业和物价稳定，实现既无通胀，又无失业的理想境界，一直是西方各国政府的一个梦想。但不幸的是，无论经济学家如何煞费苦心，他们也没能帮助政府梦想成真：失业和通货膨胀就像“跷跷板”，按下这端，另一端便跷得老高；抚平那头，这头又高居不下。各国政府忙得大汗淋漓，到处访医求药，可似乎也不见有什么效果。难道他们孜孜以求的理想境界只是镜中月、水中花？

不甘心归不甘心，但问题的答案却是无情而令人沮丧的。1958年，一篇发表在英国《经济学报》上的文章给这一梦想判了死刑。这位严谨而深刻的作者，是伦敦经济学院的教授菲利普斯。他在其《1861—1957年英国的失业和货币工资变动率的关系》一文中，根据英国1861—1957年的统计资料，利用数理统计方法计算出一条货币工资变动率与失业率的依存关系的曲线，这就是后来被西方经济学家认为替政府提供了“一张政策选择的菜单”的著名的菲利普斯曲线。

菲利普斯曲线其实很简单，在由纵坐标代表通货膨胀率，横坐标代表失业率的平面直角坐标系上，标准的菲利普斯曲线表示为一条从左上方向右下方倾斜、凸向原点、凹口朝上的光滑曲线。这条曲线表明，货币工资变动率与失业率的变化之间存在一种此消彼长、互为替代的逆向变换关系。在一定限度内，当失业率较低时，货币工资率的增长就变得较高；失业率较高时，货币工资率的增长就变得较低，甚至成为负数。菲利普斯根据他的研究所得出的结论是：在英国，要是能保持5%的失业率，货币工资水平就会稳定；而如果保持2.5%的失业率，货币工资增长率就会超过劳动生产率的增长率。

由于货币工资变动率与物价上涨率相关，而通货膨胀率又用物价上涨率来表示，因此菲利普斯曲线事实上描绘了通货膨胀与失业之间的关系：即当失业率较高时，通胀率便较低；而当失业率上升时，通胀率便会下降。失业和通货膨胀的“跷跷板”关系是与生俱来、无法克服的，政府必须认清现实，丢掉幻想，做自己力所能及的工作，即努力使两个“痛苦指数”都保持在社会可以接受的安全范围之内，便是政府作出的最大贡献了。

而为何通胀与失业之间会存有此消彼长的关系呢？用下面这个实例来说明一些问题：假定劳动生产率每年递增2%，因此，当工资增加2%时，不会使产品成本增加，从而不致使物价上涨，即年物价变动率为零。但当工资变动率超过2%以后，就会引起物价相应地上涨。即工资增加3%，物价上涨1%；工资增加4%，物价上涨2%，而工资上涨，就意味着对劳动力需求的增加，失业率减少，反之则相反。因此物价的变动率与失业率之间有着此消彼长的“交替换位”关系。这就好像是一个同时患上肝病和糖尿病的人，如用糖来护肝，则肯定糖尿病会加重；而如果服用医治糖尿病的药，肝的功能又会被损害，因此，最好的办法就是在肝病和糖尿病之间寻求一个平衡点，使两种病都能得到力所能及的控制。美国经济学家萨谬尔森和索罗曾对此做过一个尝试，他们对美国20世纪60年代以前的有关统计资料进行分析后得出结论：在美国经济生活中，要实现充分就业，即把失业率保持在3%或以下，那么，就必需把通货膨胀率控制在4%～5%以内的水平。

看来，菲利普斯曲线的确是一个十分有用的工具，根据它所反映的失业率与通货膨胀率之间的关系，政府可以有意识地运用财政金融政策和收入政策，在失业率、工资变动率和通货膨胀率三者之间寻找平衡点，从而在一定范围内选择社会经济可以接受的通货膨胀与失业率的组合。

寻求通货膨胀与失业的平衡组合，关键是要首先确定通货膨胀和失业率的最高临界值，而这两个临界值通常都是由各国政府根据本国具体情况确定的。在20世纪60年代的美国，经济学家一般认为3%～4%的通货膨胀率和3%～4%的失业率就是“社会可以接受”的临界值，在这个界限之内，政府可以任其存在；但如果超过了这个界限，政府就必须立即运用财政政策和货币政策予以调节。让我们举一个例子，假定3%的失业率和3%的通货膨胀率是临界值，当失业率为5%，便被认为是出现了社会不能接受的过多的失业，因而需要立即实行松弛的财政政策和货币政策，以扩大需求，增加就业；当通货膨胀率为5%，又被认为是出现了社会不能接受的过高的通货膨胀，因而需要立即实行紧缩的财政政策和货币政策。如果用菲利普斯曲线来指导政府的宏观调控，那么就要求政府运用财政金融政策，以临界值为中心去调节社会总供求，并在两难中权衡利弊、作出选

择：或者以较高失业率去换取较低的通货膨胀率，或者以较高的通货膨胀率去换取较低的失业率。

20 世纪 70 年代以后，菲利普斯曲线所表现出来的交替关系开始恶化。曲线的位置向右上方移动，这种上移的菲利普斯曲线表明：要压低失业率，必须付出比以前更大的通货膨胀的代价。另一方面，随着西方国家的经济陷入“滞胀”，菲利普斯曲线又出现了失灵的情况，即曲线并不是向右上方移动，而是与横轴垂直，即无论通货膨胀率提高到什么程度，失业率也不下降。这一新情况的出现，不能不承认菲利普斯曲线当前正面临着严峻的挑战。

持久收入假说

● 货币需求主要取决于持久收入，由于从长期趋势来看，持久性收入是稳定增加的，因而人们对货币的需求也就会是稳定增加的。

经济学家在分析、解释某个经济现象时，通常都需要作出一些必要的假定，然后以此为前提，进行符合逻辑的推理，提出自己新的理论主张和政策建议。米尔顿·弗里德曼的“持久收入假说”就是其中一个极具代表性的例子。

经济学家研究收入问题，最终目的是要探讨人们的收入与货币需求之间的关系。其实，在弗里德曼之前的经济学家也早已认识到，人们的收入与货币需求是一种联动的因果关系，然而他们注意的只是现期收入，并没有对收入作更深层次的研究，而弗里德曼认为，要正确分析人们的消费行为对社会经济生活的影响，就必须严格区分两种收入：一种是一时性收入，另一种是持久性收入。与之相适应，消费也应该区分为一时性消费和持久性消费。一时性收入是指瞬间的、非连续性的、带有偶然性质的现期收入，如工资、奖金、遗产、馈赠、意外所得，等等；而持久性收入是与一时的或现期的收入相对应的、消费者可以预期到的长期性收入，它实际上是每个家庭或个人长期收入的一个平均值，是消费者使其消费行为与之

相一致的稳定性收入。至于这个持久期限究竟长到何种程度，弗里德曼认为最少应是三年。

让我们一起来看一个极端的例子：假设有7个人，他们的周薪都是100元，且发薪的日子并不确定，有可能是除星期天外的任何一天。如果以这7个人为对象，并随机地选取一天来调查他们的现期收入和现期消费，那么，也许星期三这天只有1个人的收入为100元，其余6个人的收入为零；如果现期收入即为现期消费，则记录上收入100元的人当天的即期消费为100元，其余6个人的消费支出为零。但实际情况如何呢？事实上另外6个人也有消费，某些人在当天的消费支出甚至超过了100元。同样的情况也会出现在星期天，在这一天中，7个人的收入都为零，但他们消费的平均值却可能是一个正数。

由此，弗里德曼对运用现期收入这一指标所进行的短期静态分析提出了诘难：该方式由于不恰当地使用了收入和消费的概念，所以其导出的结果可能是毫无意义的。因为，人们并不一定要使他们在消费方面的现金支出与他们的现金所得相适应，当人们认为可以动用预计到的未来收入时，那么在一定时期内消费者的预期支出可能会大大超过他的现期收入，例如现实生活中人们的信贷消费、汽车分期付款、住房按揭，等等；而且，人们在短期内的现金支出也无法显示出他们所消费掉的劳务的价值。可见，一时收入与一时消费之间是没有固定的比例关系的。但如果从一个长期的时间来看，人们消费支出的平均值却与他们总收入的平均值大体一致，即持久收入与持久消费之间有固定的比例关系。这样，弗里德曼便把“持久收入假说”作为了自己理论的基石。

为什么必须用持久性收入概念来分析货币需求量呢？弗里德曼所遵循的是这样一个逻辑：货币需求主要取决于总财富，但总财富无法测量，只能用收入来代表。然而现期收入很不稳定，它不能确切地代表财富，如果采用“持久收入”来代表总财富，则基本上可以反映总财富状况。因此，可以认为，货币需求主要取决于持久收入，货币需求的变动主要受持久收入变动的支配。由于从长期趋势来看，持久性收入是稳定增长的，因而人们对货币的需求也会是稳定增加的。正因为如此，在货币供应量一定的条件下，货币的流通速度就会在长期中呈现出递减的趋势。为了保证货币流通的正常速度，以满足人们对货币需求逐步稳定增长的需要以及经济和收入增长的需要，就有必要实行一种与经济增长速度相配合的、稳定增长货币供应量的货币政策，即所谓“单一规则”的货币政策。

但“持久收入假说”对弗里德曼整个经济理论的重要意义还不仅仅在此。按照持久收入假说，凯恩斯提出的边际消费倾向递减的“规律性”便不一定存在，因为人们一旦愿意预支未来收入作为现期消费支出，消费倾向就会发生不规则的变化，而不一定是递减的。所以，政府如果以此“规律”为根据，用刺激需求的办法来刺激消费则很可能会带来滞胀的恶果。

由此还可以看到，如果政府出于应付经济萧条的需要，采取临时性的减税措施，以便增加居民的可支配收入和刺激消费，那么，按照持久收入假说，这一临时性的减税措施是无效的，因为居民这种临时性的额外收入只有很少一部分作为实际消费，其余全部转化为储蓄，因此，政府减税的结果不可能达到刺激消费的目的。反之，如果政府出于应付通货膨胀的需要，采取临时性的增税措施，以便减少居民的可支配收入和抑制消费，那么按持久收入假定，这一临时性的增税措施也是无效的，因为临时性增税的结果将使居民预期一生收入总数有所减少，而当年的实际消费只占其中一小部分，增税所减少的其余部分都是储蓄，所以政府增税的结果也不能抑制消费。总之，只要家庭的消费主要同预期的未来收入、一生收入相联系，而不是与同期收入相联系，那么，凯恩斯主义的相机调节税收（增税或减税）的政策，被认为对于现期消费只有很小的影响。

“单一规则”的货币政策

●弗里德曼力主政府放弃传统的“权变”货币政策，而建议用一种预先制定的对货币投放有约束力的“规则”取代，比如，把货币供应的年增长率长期地固定在与经济增长速度以及劳动力增长率大体一致的水平上。

在经济学学说史上，关于货币政策的“规则”与“权变”之争曾经轰动一时。以国家干预经济为基调的凯恩斯主义，倡导“相机抉择”的所谓“权变”政策。在他们看来，经济生活仿如一条有着荣枯周期的河流，而货币供应就显然是一道闸门，政府作为“守闸人”，应时刻根据“河流”的凋荣状况，相应地关闭或开启“闸门”，也就是说，当经济繁荣时，中央银行应适当收紧银根；当经济萧条时，中央银行便应适当放松银根，从而达到平衡货币供求、缓解经济波动的目的。由于凯恩斯主义一直是战后经济学领域的“正统”和“主流”，因此，“权变”的货币政策自然在西方各国得到大力推行。

但是，自20世纪50年代后期开始，一股反对“权变”理论的旋风从美国东部刮起，高举这支反旗的领袖是现代货币主义学派的“掌门人”、芝加哥大学的经济学教授米尔顿·弗里德曼。这位个头矮小但思想超卓的经济学家，雄辩滔滔地对凯恩斯的“权变”政策进行了批判，他指出，“权变”政策不仅事实上很难收到预期的效果，甚至会适得其反，造成经济活动的大起大落。据此，他力主政府放弃传统的“权变”货币政策，而建议用一种预先制定的对货币投放有约束力的“规则”取代，比如，把货币供应的年增长率，长期地固定在与经济增长速度以及劳动力增长率大体一致的水平上。这就是所谓著名的“简单规则”或“单一规则”的货币政策。

在“宁要单一规则，不要相机抉择”的双方打斗中，弗里德曼搬出的第一个致命“武器”，是用铁证如山的历史事实说明，“相机抉择”的货币政策往往会使经济更不稳定。他通过对大量历史统计资料的考察和实证研究，指出货币政策只有在经历了一个易变的、长期的“时滞期”后才能够作用于经济。具体地说，从中央银行货币供应的变化到经济生活中反映出这种变化之间，存在着两个“时滞”：货币增长率的变化平均需在6～9个月以后才能引起名义收入增长率的变化；在名义收入和产量受到影响之后，平均要再过6～9个月价格才会受到影响，因此，货币政策生效的时间往往要经过一年或一年以上。正是这12～18个月的时间滞后效应，使得中央银行难以掌握成功实施权变政策所需的必要信息，无法准确预测经济的未来走向，更不用说去把握现实社会对货币政策作出反应的时间和程度，这样，政府在扩大和收缩货币供应量时就难免会做过了头或做不到位：要么对经济刺激过度，要么冷缩过度，从而导致与最初愿望相反的结果，更加促成经济的波动和不稳定性。

这一枪可谓击中了“权变”论的要害。但还不够，弗里德曼未等凯恩斯主义者回过神来，紧接着又使出了另一个杀手锏，批驳“权变”的货币政策只能在很有限的时期内控制利息率和失业率，等到这一短暂的时间一

过，利息率和失业率便会迅速反弹，货币政策非但难以收到预期的效果，反而会引发物价上涨和失业增加的恶性循环。因为政府通过调整贴现率，变动法定准备金率，或者在公开市场上买进政府债券来增加货币供应量，虽然能够在短期内压低利息率、刺激投资和扩大就业，但经过一年半载，至多两年，随着厂商和居民户开支的扩大，人们的收入也相应增加，从而不仅使人们对保存在手边的货币量的需求增加，而且使人们对商品的需求也大大增加；随着需求大于供给，物价水平必然上涨，结果就会使原来下降的利息率重新上升；特别是人们预料物价将继续上涨时，贷款人会要求而借款人也愿意付给较高利息率，于是利息率将回升，甚至超过原来的水平。这样，通货膨胀愈发严重，利息率上升趋势就会加强，厂商的投资热情将下降，失业率上升，经济发生萧条。政府只得又增加货币供应量来压低利息率、刺激投资和缓解失业，结果又会在奏效于一时之后重回老路，形成货币供应量扩大—利息率下降—收入增加—物价上涨—利息率反弹—投资收缩—失业增加—货币供应量再扩大等等一连串的恶性循环。

由此看来，政府要担当好“守闸人”的角色并非易事，弗里德曼认为，政府与其手忙脚乱不讨好，还不如无为而治练静功，即由政府制定出一个长期不变的货币投放增长的比例规则，以静制动、以不变应万变，反而可以使物价水平趋于稳定，使经济的大幅度波动得到抑制。那么，这一货币投放增长的比例如何确定呢？弗里德曼的分析是，现实中货币量增长的比例应当适合两方面的要求：一部分是适应物价上涨的需要；另一部分是使货币量能和劳动生产率作出同比例的增长。这样，货币当局在确定货币供应量时，只需要盯住两个指标：一个是经济增长速度，另一个是人口和劳动力的增长比例，并把货币供应的年增长率控制在这两个指标之内。弗里德曼根据自己的估算提出，在美国，每年需要增加货币 1% 或 2% 以配合人口和劳动力的增长，再加上该国的年产量平均增长约为 3%，若再考虑到劳动力的增加和货币流通速度会随着实际收入的增加而有下降的趋势等因素，美国货币供应的年增长率可定在4% ~ 5% 这一幅度之内。弗里德曼认为，这种简单规则的货币政策，实际上是政府为货币供应确立的一条稳定航线，只要货币当局始终遵循这条航线，那么，经济的持续增长就有可能成为现实，经济活动的大幅度波动才可能得以避免，有利于各种市场力量发挥作用的货币环境也才能得以建立。

由于凯恩斯主义的“权变”货币政策无法解决西方国家普遍出现的“滞胀”局面，从 1975 年开始，世界七大工业强国中已有五个公开实行“单一规则”的货币政策，瑞士、西德、日本则被认为是由于实行了稳定的货币增长政策而“成功地控制了通货膨胀”的国家；以撒切尔夫人为首相的英国保守党政府更是惟“简单规则的货币政策”是瞻，美国里根总统在上台后所提出的“经济复兴计划”中，也把控制货币供给量作为主要项目。现代货币主义学派所提出的这种“单一规则”的货币政策所产生的深远影响足可窥其一斑。

通货膨胀“谁”之过

●通货膨胀就像一个惯偷，时时刻刻觊觎着人们的腰包，并神不知鬼不觉地掠走他们好不容易才积攒起来的财富。

每一次大的通货膨胀留给人们的都是惊心动魄的回忆。在1922年的德国，如果某个人持有价值3亿元的债券，那么两年之后，他用这么多钱却买不到一块糖果。甚至到了今天，世界上不少国家仍不断遭到这个恶魔的侵袭，在莫斯科、南美和东南亚，都曾经发生过这样的事情：人们排队购买食品，有时一个人从队伍的后面移到一半时，价格已上涨了1倍，而轮到他购买时，价格已经成为最初价格的3倍了。虽然这只是一些较为极端的例子，但通货膨胀的确就像一个惯偷，时时刻刻觊觎着人们的腰包，并神不知鬼不觉地掠走他们好不容易才积攒起来的财富。

通货膨胀不仅削弱了固定收入者、退休者、家庭主妇、领取抚恤金和养老金等人的货币购买力，而且也使债权人的利益受到极大程度的损害。但遭到经济学家同声谴责的还不止于这些，未可预见的通货膨胀不仅使价格和收入分配发生扭曲，而且会导致错误的投资和引起混乱的、无规则的财产再分配，而且，当社会决定采取步骤去减轻通货膨胀时，还会付出令人痛苦的经济萧条和失业增加的巨大代价。

各国政府和经济学家在千方百计寻求解决通货膨胀的对策时，也自然而然要对通货膨胀的起因进行研究。那么，究竟为什么会发生通货膨胀呢？

凯恩斯首先提出了“需求拉动的通货膨胀论”，他认为，由于总需求超过了总供给，拉开了“膨胀性缺口”，以致造成物价水平的普遍而持续的上涨，形成了通货膨胀。按照凯恩斯的解释，当经济中实现了充分就业时，表明资源已得到了充分利用，在此条件下，如果总需求继续增加，闲置的机器设备由于已全部使用上了，过度的需求不仅不会促使产量增加，反而会引起物价上涨。但事实上，在经济中未实现充分就业时，也会产生通货膨胀，这是由于当总需求增加后，总供给的增加无法迅速满足总需求增加的要求，便产生了暂时的供给短缺，从而推动了价格水平的上升。但由于这时的经济尚未达到充分就业状态，价格水平的上升仍会刺激总供给也逐渐增加，从而使国民收入也随之增加。

凯恩斯的反对者不赞成从需求方面来解释通货膨胀的成因，而认为生产费用的增加，特别是生产和劳务成本的增加才是造成物价上涨的真正因素，他们的理论也就被称为“成本推进的通货膨胀论”。在具体解释到底是哪种成本“推进”了物价普遍而持续上涨的问题上，又有三个不同的说法。

一种是“工资推进”。这种理论认为，由于工资提高，便引起了成本的增加，从而导致了物价的上涨；物价上涨后，工人又会进一步要求提高工资，从而再度引起物价的进一步上涨。如此循环往复，便形成了所谓的工资—物价的螺旋上升或轮番上涨。

另一种是“利润推进”。这种理论认为，垄断企业为了追求更大的利润，常常通过“操纵价格”而将利润抬高到补偿提高了的工资水平之上，使商品价格以快于成本增加的幅度上升。由于利润也被认为是成本的一个组成部分，因此，该论断便也归于成本推进的通货膨胀。

此外，还有一种是“进口成本推进”的通货膨胀论。这种理论认为，由于进口的原材料、燃料等价格的上涨，也会推进通货膨胀的发生，并且，在此情况下一国的通货膨胀还会通过国际贸易渠道和国际货币体系而传导到其他国家。例如，20 世纪 70 年代初西方国家发生的普遍的较严重的通货膨胀，一个重要的原因据称就是由于世界市场石油价格大幅度上升。

正当人们对于通货膨胀究竟是需求拉动还是成本推动吵得不可开交时，有一些经济学家却站出来说，通货膨胀既不是单纯由需求方面引起的，也不是单纯由供给方面引起的，而是双方共同起作用的结果，从而形成了所谓“供求混合推进的通货膨胀论”。他们的理由是，工资的上升，既提高了成本，也增加了需求，因为工资的上升仅仅对物价增加了成本的压力，同时产生了较高的收入使需求上升，正是这种双重作用的影响，说明了收入政策的合理性，即对货币工资率按劳动生产率的提高来进行调整，就可以避免收入膨胀和利润膨胀。另一方面，如果单纯是“成本推进”，而没有“需求拉动”，也不可能使物价上升长期维持下去，因为在没有需求和货币收入水平增加的情况下，工资上升引起物价上涨，就势必使大量的商品卖不出去，从而会迫使生产紧缩，工人被解雇，最后将使成本推进的通货膨胀终止。

经济学家有时还会谈到“结构性通货膨胀”问题，这是从经济结构的特点上寻求通货膨胀原因的一种理论。这种理论认为，社会经济中的各个部门具有不同的经济特点，例如在生产增长的速度上、在劳动生产率上均会有不同的特点，而正是这些特点的变动会引起物价的普遍、持续上涨。比如，轻工业部门与重工业部门在生产增长速度上存在着差别，并且它们在劳动生产率上也有差别，但这两个部门的名义工资却有一致增长的趋势。因为名义工资的增长速度往往是由生产增长较快或劳动生产率较高的部门来决定的，于是，生产增长较慢或劳动生产率较低部门的工人便会由于攀比行为而向高工资看齐，从而使得整个社会的工资增长率超过了劳动生产率的提高程度以及经济增长的程度而引起通货膨胀。此外，经济中处于“朝阳”阶段的工业部门与处于“夕阳”阶段的工业部门之间，也存在着上述差别，最终，社会将由于两个部门的工资攀比、成本增加而发生通货膨胀。

用通货膨胀本身所具有的惯性来解释通货膨胀持续原因的一种理论叫做“惯性通货膨胀论”。根据这种理论，无论何种原因引起了通货膨胀，即使当初引起通货膨胀的原因消失后，通货膨胀也会由于其本身的惯性而持续下去。造成这种惯性的是政府的财政政策与货币政策以及人们在决定工资与价格时的相互参照的心态。因为，一方面，政府的计划人员在财政政策和货币政策中必须考虑此前的价格上涨因素；另一方面，一旦一部分人的工资与价格由于通货膨胀的原因上升了10%，那么另一部分工人和企业在决定自己的工资和价格时，就会参照这种工资与价格的上升而上升。这种情况下，通货膨胀就会由于这种惯性而持续下去，谁也不会首先降低自己的工资和物价水平。只有在经济严重衰退时，才会由于工资与物价的被迫下降而使通货膨胀终止。

理性预期学派的经济学家则从另一个角度来支持惯性理论，他们认为，造成这种通货膨胀惯性的是人们在心理上对通货膨胀的预期。因为预期对人们的经济行为有着重要的影响作用，而预期又往往是根据过去的经验形成的。在已产生了通货膨胀的情况下，人们常会根据过去的通货膨胀率来预期未来的通货膨胀率，并以此来作为指导未来经济行为的依据。如果上一年的通货膨胀率是10%，人们便会据此预期下一年的通货膨胀率不会低于10%，并以此作为下一年工资谈判的基础，要求下一年的货币工资增长率不能低于10%。下一年的货币工资增长率为10%，就会使下一年的通货膨胀率起码会由于工资的增加而在10%的水平上。于是，由于预期的原因，即使引起上一年通货膨胀率为10%的原因消失了，下一年的通货膨胀率也会在10%以上。

然而，现代货币主义学派的领袖弗里德曼却对上述观点一概加以否定，他坚持说，无论是供给还是需求，抑或是供给与需求的综合力量以及经济结构等方面的原因，它们都只会引起局部暂时的物价上升，但并不足以引起普遍而持续的通货膨胀。通货膨胀的惟一根源是货币供给量过多，这就是人们早已熟悉的“货币供给过量的通货膨胀论”。他指出，历史上的每一次通货膨胀总是伴随着货币供给量的增加而发生，当货币供给量明显增加，并且其增加速度超过产量的增加速度时，通货膨胀就必然发生。因此，他得出的结论是：通货膨胀时时、处处都是一种货币现象。

收入指数化方案

●为了减轻通货膨胀的副作用，弗里德曼认为有必要定期地根据通货膨胀率来调整工资、债券等各种收入的名义价值，以使其实际价值保持不变，这就是“收入指数化方案”。

当通货膨胀率高到不可忍受的程度时，如果采取紧缩性的财政和货币政策，大幅度压低社会总需求，虽然可以立竿见影地达到遏制“经济高烧”的目的，但我们却必须承受生产滑坡和失业增加的痛苦；而如果想把失业水平降低到自然失业率之下，那么我们的经济又只能冒着螺旋式上升的通货膨胀的危险来运行。通胀与失业就像一对孪生的经济魔鬼，一方的降低总会以另一方的上升为代价，使人们鱼和熊掌不能兼得。

由于从目前的情况来看，居高不下的失业率已成为各国政府害怕触动的“心病”，因此，设法找到一种代价较低的办法，以摆脱这种必须以高失业来换取低通货膨胀的残酷的两难处境，仍然是现代宏观经济学最着力关注的问题之一。

不少经济学家在努力探索，一些国家的政府也在积极寻求除财政和货币政策以外的其他办法。例如，在斯堪的纳维亚、荷兰以及瑞典等“福利国家”，为了保持经济稳定，一直采用的是和平时期工资—物价管制方法；在肯尼迪、约翰逊以及卡特执政时期的美国，自动控制的工资—物价指导方针曾显示出某些微弱的成功。在匈牙利和波兰，政府采取向工资增长过快的人征税，来避免通货膨胀给经济带来的波动。这些措施，都是由政府所采取的、通过控制工资与物价来直接缓和通货膨胀的行动，由于其控制的重点是工资收入，所以被称为“收入政策”。迄今为止，收入政策被人们认为是旨在既防止失业增加又遏制通货膨胀的惟一有效的措施。

主张用控制工资收入的办法来治理通货膨胀的经济学家认为，引起通货膨胀的原因并不是来自于需求，而是来自于供给方面，即通货膨胀主要是由成本推动，特别是由于工资收入成本的增加而引起的。因此，要控制这种通货膨胀，就必须控制工资增长率，在有效地控制工资增长率的同时，还必须控制物价水平。具体说来，收入政策可采用的形式通常有三个：工资与物价指导线，税收刺激计划，以及冻结工资与物价。

经济学家一般认为，如果货币工资增长率等于劳动生产率增长率，那么，物价水平将保持不变；反之，假如货币工资增长率超过劳动生产率增长率，由于价格将会随成本的提高而提高，因此，通胀率就会增加。为了不让通货膨胀率上升，政府根据劳动生产率的增长率和其他因素，规定出工资与物价的上涨限度，而其中又主要是规定货币工资的增长率，故而该政策被称为“工资指导线”。政府会要求工会和企业根据这一指导线来确定工资增长率和物价上涨率，如果工会或企业违反了这一规定，使工资增长率和物价上涨率超过了指导线的要求，政府便会以税收或法律的形式予以惩罚。由于这一措施比较灵活，在20世纪70年代以后被西方国家广泛地采用。

政府以税收为手段来控制工资增长，是收入政策中用得最普遍的一种措施。政府不仅对高收入者施以较高的累进税率，而且对政府规定的货币

工资增长率，亦即工资指导线，也依靠税收这一手段付诸实施。当企业的工资增长率符合该规定时，予以减税；当企业的工资增长率超过该规定时，课以重税。

在某些通货膨胀严重时期，或诸如战争等特殊时期，政府会采用法律手段禁止在一定时期内提高工资和物价，这种方法就是“冻结”。例如美国尼克松政府执政的第一年，消费物价指数上涨了6.1%，尼克松政府试图用财政政策和货币政策来反通货膨胀，但收效甚微。1971年8月15日，尼克松政府宣布即日起全面冻结物价、工资和租金90天，并由政府设立的生活费用委员会强制实行。虽然“冻结”可以有效地控制住通货膨胀的上涨率，但该措施属于一种极端性的收入政策，其结果会破坏市场机制的正常作用，引起资源配置的失调，使经济陷入更大的困境，因此不到紧要关头一般不宜采用这一措施。

收入政策的目的是国家力图借助某种力量把工资和价格的变动控制在不威胁经济稳定的水平之下。但从该政策的所有实施国来看，收入政策的任何一种变化形式，在达到其所声称要达到的主要目标方面，比如使充分就业与某种合理的稳定价格相一致，其效果却不甚理想。最终，这些国家的政府仍会求助于财政与货币政策，并以急剧增长的失业为代价，换得抑制通胀的结果。因此，寻求有效和持久的收入政策的努力，仍将会继续下去。

既然消除通货膨胀需要付出严酷的代价，而降低失业率又很困难，于是人们常常会怀疑：究竟是否确实很有必要通过紧缩经济和增加失业来消除通货膨胀？我们是否更应该像对待我们身体的慢性疾病一样，把通货膨胀当成是不危害机体生命的非健康细胞，而学会与之共存呢？

美国经济学家弗里德曼发明了一种对付通货膨胀的新技术——“收入指数化”。弗里德曼指出，由于通货膨胀会引起收入分配的变动，使一些

人受害而另一些人受益，因而会对经济产生十分不利的影响。为了减轻通货膨胀的副作用，他认为有必要定期地根据通货膨胀率来调整工资、债券等各种收入的名义价值，以使其实际价值保持不变，这就是“收入指数化方案”。这种方案事实上是一种对工资、收益以及各种合约由于一般价格水平的变化而遭受的损失，予以部分的或是全部补偿的机制。这种机制发生作用的典型形式是：如果不发生通货膨胀，企业在下一年将给工人增加2%的工资；但是，倘若在今后的12个月以内物价上涨了10%，那么，企业就会在增加2%工资的基础上再增加10%的工资，作为生活费支出的调整。

“工资指数化”的根据在于，当经济发生通货膨胀时，如果工人的名义工资未变，那么其实际工资便是下降了。这种变动会引起有利于资本家而不利于工人的收入再分配。为了保持工人的实际工资水平不变，政府可以要求在工资合同中确定有关条款，规定在一定时期内按消费物价上涨指数来相应地调整名义工资。所以，该项规定也被称为“自动调整条款”。

与工资指数化相类似，“税收指数化”是按通货膨胀率的指数来调整税收的起征点和税率等级。当经济中发生了通货膨胀时，通常是实际收入不变而名义收入增加了。这样，纳税的起征点实际上是降低了。在累进税制下，纳税人名义收入的提高使原来的实际收入进入了更高的税率等级，从而使交纳的实际税金增加了。如果这时不实行税收指数化，就会使收入分配发生不利于公众而有利于政府的变动，成为政府加剧通货膨胀的动力。为此，就应该根据通货膨胀率来调整税收，即提高起征点并调整税率等级，才能避免上述弊端。此外，利率、租金、债券、长期产业合同等都有必要指数化，以抵消物价波动对收入的影响，消除通货膨胀带来的收入不平等现象，杜绝一切加剧通货膨胀的动机。

产业经济理论

配第—克拉克定理

霍夫曼定理

筱原的基准

马歇尔冲突

马克西—西尔伯斯通曲线

熊彼特假说

配第—克拉克定理

●随着经济的发展，劳动力将首先从第一产业转向第二产业，并伴随着人均国民收入水平的进一步提高，逐步向第三产业转移，这就是配第—克拉克定理。

人们最早对经济现象的研究，是从个量分析入手的。以此为基础建立的微观经济学，在很长的一段时间中，一直为西方经济学家所顶礼膜拜。然而，20世纪30年代的大危机，将“看不见的手”的神话击得粉碎，凯恩斯趁机建立他的宏观经济理论，试图为医治危机和解除失业开出一剂药方，并一度获得了空前的成功。不过，凯恩斯的药方也并非屡试不爽，20世纪70年代以来出现的滞胀局面，又宣告了凯恩斯主义的破产。于是，人们便开始在个量分析和宏观分析两个端点的连线上寻找出路，将目光投向社会再生产的中观层次，去探索解决问题的方法和途径，最终形成了一套非常实用的经济理论——产业经济学。配第—克拉克定理就是其中一个很著名的理论。

配第—克拉克定理是对产业结构演化规律的经验性总结，克拉克对这个定理的描述，建立在三次产业分类法的基础之上。所谓三次产业分类法就是把全部经济活动划分为第一产业、第二产业和第三产业。其中第一产业主要是农林牧渔，其劳动对象直接取自于自然；第二产业包括制造业、建筑业等工业部门，是对自然品生产物的再加工。第一产业和第二产业都是有形的物质财富生产部门，第三产业则被解释为繁衍于有形财富生产之上的无形财富的生产部门，即广义上的服务业。有人形容这三个产业的关系就像一棵大树，第一产业如同树根，第二产业如同树干，第三产业则好比茂密的树叶。三次产业分类法的发明者并非是克拉克，而是大洋洲人。在20世纪30年代初，澳大利亚的一位经济学家费希尔鉴于第一产业和第二产业并没有涵盖所有的经济活动，就把除上述两个产业以外的其他经济活动，统称为第三产业。因此，三次产业分类法的确立，实际上是由费希尔完成的。从1937年到1953年，克拉克曾长期在当时的澳大利亚政府经济部门任职，因此后来他便继承了费希尔的研究成果，并在搜集和整理若干国家经济资料的基础上，进一步总结了产业结构的演化规律。他发现：随着人均国民收入水平的提高，劳动力首先从第一产业向第二产业转移，当人均国民收入水平进一步提高时，劳动力便向第三产业转移；因而劳动力在产业间的分布状况是，第一产业减少，第二和第三产业逐步增加。这就是所谓的配第—克拉克定理。

关于这个定理，17世纪的英国经济学家威廉·配第，在他的名著《政治算术》中已经作过描述。配第认为，制造业比农业，进而商业比制造业能够得到更多的收入，比如英格兰的农民，每周只能赚4个先令，而海员的工资，加上伙食费和其他形式的收入，每周实际要达到12个先令，也就是说，一个海员的收入，抵得过三个农民。配第还指出，人口大部分从事制造业和商业的荷兰，其人均国民收入要比欧洲大陆其他国家高得多。这种不同产业间相对收入的差异，会促使劳动力向高收入的部门转移。配第的这种看法，比较直观、朴实，尽管论证并不充分，但已包含了产业间劳动力结构变化的趋势，所以仍很有价值。克拉克本人认为，他的发现只不过是印证了配第的观点，因此将它命名为“配第定理”，后人则把配第和克拉克并列起来，称“配第—克拉克定理”。

继配第、克拉克之后，美国著名经济学家，1971 年诺贝尔经济学奖获得者西蒙·库兹涅茨又从劳动力和国民收入两个方面，对产业结构的演化进行了详细的研究，进一步深化和完善了配第—克拉克定理。库兹涅茨将三次产业分别称为“农业部门”、“工业部门”和“服务部门”，关于各国劳动力和国民收入在产业间的演变趋势，他认为：第一，农业部门实现的国民收入在整个国民收入中的比重，以及农业劳动力在全部劳动力中的比重，随着时间的推移会不断地下降。第二，工业部门的国民收入比重，大体上是上升的，然而其劳动力比重，大体不变和略有上升。第三，服务部门的劳动力比重几乎在所有国家都是上升的，但国民收入的相对比重却大体不变和略有上升。

配第—克拉克定理只是对产业结构演化规律的经验性总结，那么产业结构演化背后的诱因是什么呢？一般认为，第一产业，即农业部门主要向人们提供生活必需品，而生活必需品的需求，有一个重要的特性就是，随着人均国民收入水平的提高，人们对必需品需求的增长速度，会越来越落后于收入的增长速度。1875 年，德国社会统计学家恩格尔调查了比利时和萨克森两个国家劳动家庭的生活开支情况，发表了题为《萨克森王国的生产与消费状况》的论文，指出，越是低收入家庭，其饮食费用在整个家庭开支中所占的比重，即恩格尔系数将越高。我们可以据此得出推论，随着收入的增长，人们对农产品的需求将会相对减少。另外从供给的角度看，农业部门技术进步的速度相对较慢，而且，农业生产周期长、不稳定，受自然因素的制约严重，是个天然的弱质产业，在土地规模有限的条件下，其产量很难实现快速增长。这样，供给和需求两个方面作用在一

起，必然使农业实现的国民收入的比重减小，劳动力转向其他产业。对第一产业变化趋势的分析，实际上已经从反面说明了第二产业国民收入比重的上升。不过当工业化达到了一定的水平之后，一方面工业部门的扩张会吸纳劳动力就业，另一方面工业技术的迅速进步，以及工业部门资本有机构成的不断提高，又会排斥工业部门本身的劳动力，这两个方面达到了平衡，劳动力的相对比重就会趋于稳定。随着经济的发展，人们对“服务”这种产品的需求无疑将越来越大，有人将这种现象称为消费需求的“超物质化”，这样看来，第三产业国民收入的比重理应上升。由于第三产业本身是劳动密集型行业，所需要的资本规模一般不大，进入这个产业的障碍较少，可以大量地安置就业，因此，它的发展必将带来劳动力比重的上升。

霍夫曼定理

●随着工业化进程的不断推进，一国工业结构将会呈现出从轻工业到重工业、从原材料工业到加工组装工业，进而到技术集约型工业的演化趋势。

1765年，瓦特发明了蒸汽机，以此为标志，第一次工业革命便像飓风一样，横扫整个世界。自然力的征服，机器的采用，轮船的行驶，铁路的发展等等，工业开始以亘古未有的气魄和实力，历史地成为社会经济生活的主体，充当起引导和推动国民经济发展的“火车头”。于是，工业化成了许多国家梦寐以求的目标。然而，回顾一下西方国家工业化的历史，英国的工业化花费了近100年的时间，美国用70多年走完了工业化的历程，而作为后起之秀的日本，1955年还被贫穷所困扰，但经过短短20多年的时间，弹指一挥，便跻身世界经济强国之列，超越了工业化的阶段，进入了“后工业化”时期。各国工业化的时间表为什么有如此大的差别?究其原因，跟人们对工业结构的认识不无关系。正如一个优秀的司机，应该熟知汽车的结构和性能一样，要能动地推进工业化的进程，必须对工业结构的演化规律作一番了解。

在西方经济学家中，有一个人曾因对工业结构演化规律的开创性研究

而成名，他就是德国人霍夫曼。1931 年，霍夫曼出版了他的《工业化的阶段和类型》一书，该书根据 20 多个国家的经济资料，对制造业中消费资料工业和生产资料工业的比例关系进行了详细的研究。这个比例关系实际上是消费资料工业的净产值除以生产资料工业的净产值之比，后人称其为霍夫曼比例。霍夫曼认为，在工业化的进程中，霍夫曼比例是不断下降的，这就是所谓霍夫曼定理。参照霍夫曼比例的变化趋势，霍夫曼本人将工业化进程划分为四个阶段：第一个阶段，消费资料工业的生产在制造业中占统治地位，生产资料工业不发达，霍夫曼比例约为 5；第二个阶段，霍夫曼比例约为 2.5，生产资料工业已经取得了很大的发展，但相对于消费资料工业，仍有很大的差距；第三个阶段，生产资料工业的发展，已经达到了与消费资料工业相当的程度，霍夫曼比例约为 1；第四个阶段，生产资料工业的规模，已经超出了消费资料工业，霍夫曼比例小于 1。霍夫曼关于工业结构演化规律及其阶段划分的理论，在它问世以后 30 多年的时间里，一直保持着广泛的影响。但与此同时，也曾遭到许多经济学家的诘难，正因为这样，才将人们对工业结构演化规律的研究推向了一个新的水平。

需要指出的是，霍夫曼所谓的生产资料工业和消费资料工业，与今天的说法有着很大的不同。在霍夫曼定理提出的年代，消费资料工业基本上是轻工业的代名词，而生产资料工业则是重工业的同义语，那时，重工业和生产资料工业是一致的，重工业的增长直接表现为生产资料工业的增长。然而，时至今日，重工业的产品结构已经发生了变化，重工业产品和生产资料也很不一致了。比如在重工业中居于主导地位的机械工业，其产品就不再仅仅是生产资料，还包括许多消费资料，像汽车、家电等迅速膨胀的耐用消费品，就都是机械工业的产品。追本溯源，霍夫曼对消费资料工业和生产资料工业的划分，实际上相当于今天我们对轻工业和重工业的划分。因此，霍夫曼定理的确切含义应该是，在工业化的进程中，轻工业的比重会逐步降低，重工业的比重则趋于上升。如果我们无视重工业产品结构的上述变化，仍然简单地从字面上去把握霍夫曼定理，那就等于刻舟求剑了。

众所周知，工业革命首先发生在轻工业，主要是纺织业中，随后，重工业在整个工业总产值中所占的比重逐步上升，这就是所谓的“重工业化”，这一发展趋势，印证了霍夫曼定理。不过，霍夫曼定理毕竟是在20世纪30年代初提出的，相对于生生不息的产业结构的演化而言，重工业化只是演化过程的第一幕。在重工业化的过程中，产业结构还会发生第二次演变，即无论是轻工业还是重工业，都会由以原材料为中心的结构，向以加工、组装为中心的结构发展。这就是人们常说的工业结构的“高加工度化”。原材料工业与加工组装工业是相对的，纺织对服装、服饰来说，前者是原材料工业，后者是加工组装工业；同样，钢铁、有色金属冶炼工业是原材料工业，以此为原料的各类机械工业则是加工组装工业。由纺纱织布转化为生产服装，由生产木材转化为生产家具，由金属冶炼转化为汽车制造等等，都是工业加工程度不断深化，即高加工度化的表现。例如日本1955年到1975年的20年间，服装工业的发展速度是纺织业的4倍，木器家具业是木材工业的2倍多，机械工业的发展速度是钢铁工业的2～3倍，其工业结构高加工度化的趋势是非常明显的。它意味着工业体系以生产初级产品为主，向生产高级复杂产品为主的阶段过渡，意味着工业结构日趋高级化了。

与重工业化一样，高加工度化也只是工业结构演化过程中的一个阶段，随着工业化的不断进展，工业结构将进一步表现出“技术集约化”的趋势。它不仅体现在工业部门采用越来越先进的技术和工艺，而且体现在以技术密集为特征的尖端工业的兴起，如新材料工业、信息技术、生物工程、航天航空、海洋开发等等。这样，随着工业结构由加工组装向技术集约化的转变，工业的发展将从依赖资金为主，转为主要依靠科学技术，长期困扰人们的环境问题、能源问题等社会公害，就有望得到逐步解决。完成了这个阶段，一个国家就走完了工业化的历程，从“工业社会”进入了“后工业社会”。

筱原的基准

●国际上确定战略产业有两个通用的基准：一个是收入弹性，另一个是生产率上升率。它们最早是由日本经济学家筱原三代平提出的，因此称之为“筱原的基准”。

巴顿将军早年曾当过骑兵师的师长，他指挥骑兵可谓是得心应手。然而，随着欧洲军事技术的发展，巴顿将军敏锐地意识到，在未来的战争中，装甲部队将发挥更大的威力。于是，他毅然决然地与自己所钟爱的骑兵分手，说服国会去组建装甲部队。在二战中，巴顿就是指挥这支部队横扫整个欧洲，屡建奇功，使他成为二战的英雄。这使我们联想起一个经济学问题：一国经济包括许多产业，但它们的发展也是不平衡的，其中的新兴产业，“战斗力”很强，而一些“夕阳产业”，则正在逐步走向没落，如果我们能像巴顿将军用装甲部队取代骑兵那样，对新兴产业加以引导和扶持，同时加快对“夕阳产业”的调整，无疑可以提高国民经济增长的速度和效益。而这一点，正是产业结构政策追求的核心目标。

在西方世界，产业结构政策最早出现于日本。20 世纪 50 年代中期，战后的日本经济迎来了一个转折时期，工农业生产基本上摆脱了第二次世

界大战后所处的窘境，并全面恢复到日本有史以来的最好水平。这样，日本经济就面临着一个如何选择发展战略的问题。自明治维新以来，一直以追赶欧美发达国家为梦想的日本，怎样才能加快其经济增长的步伐，以实现其宿愿呢？当时有一种见解认为，日本经济落后，劳动生产率低下，不仅是工艺、技术和管理水平不高的结果，而且也是产业结构的后进性所致。1957 年，日本政府发表的《产业合理化白皮书》，明确表达了这种观点，指出，“打破我国产业结构的后进性，将它提高到国际先进水平”，是产业结构合理化的目标。应从推动产业结构合理化转变的过程中求效益、求速度。在此之后，日本经济快速发展，引起了西方经济大国的广泛关注。一方面，强大起来的日本经济，将优质、廉价的各种商品大量倾销于西方各国市场，这自然要遭到欧美各国的白眼，以至于许多人对日本政府执掌产业政策的通产省冠之以“臭名昭著”这个贬义词，以示不满；而另一方面，在这些国家的官员中，对“促进和诱导”日本经济发展的“产业政策”，又抱有难以掩饰的羡慕之情。于是，“产业结构政策”这个名词开始为西方各国所普遍接受，合理地规划自己的产业结构，也就随之成为许多国家经济政策的核心内容之一。

在规划未来的产业结构时，要想详细地确定各部门、各行业的规模，实际上是难以做到的。而且，对于经济发展的各种可能，比如科学技术的进步、消费需求的变化等等，人们是无法准确预料的；在这种情况下，产业结构的规划就不可能、也没有必要做得太细。真正有意义的是，一要肯定产业结构中、长期的演变趋势和方向，二要明确带头的先导性产业部门，即所谓战略产业。由战略产业的发展来带动国民经济各部门的增长。那么，如何选定战略产业，也就是说，战略产业的选择基准是什么呢？日本经济学家筱原三代平最早在这方面进行了开创性的研究。

1957 年，筱原在一桥大学《经济研究》杂志第 8 卷第 4 号上发表了题为《产业结构与投资分配》的著名论文，提出了规划日本产业结构的两条基准：一是收入弹性，二是生产率上升率。这两个指标都比较高的产业，在未来有着广阔的发展空间，应该被列为战略产业。于是，后人将这两个指标并列起来，称作“筱原的基准”。

所谓收入弹性，就是在价格不变的前提下，某一产业产品的需求增长率除以人均国民收入的增长率之比。比如，当人均收入增长了10%时，如果饮食费用增长了5%，耐用消费品的支出增长了10%，而用于学习和娱乐的费用增长了15%，那么，根据以上收入弹性的定义，食品的收入弹性是0.5，耐用消费品的收入弹性是1，学习和娱乐开支的收入弹性是1.5。筱原指出，那些产品的收入弹性比较高的产业，随着经济的发展，其产品的需求将会快速增长，因而它就有可能在未来的产业结构中占据更为重要的地位。如果说收入弹性这个指标，是从产品的需求角度来确定战略产业的，那么，生产率上升率这个指标，则是突出了战略产业供给方面的特点。一般来说，在国民经济的各个产业部门中，生产率上升的速度是不同的，那些生产率上升较快的产业，其生产费用的降低也较快。这样，资源就会向这个产业流动，该产业就会在国民经济中占据越来越大的优势。影响生产率上升率的因素很多，其中具有决定意义的是科学技术的进步，因此，所谓生产率的上升率，主要是指技术进步率。人们通常用剩余计算法来测定它，即在总的经济增长率中，扣除劳动增长的贡献和资本增长的贡献，剩余的部分就是技术进步率。比如，一国某一时期的经济增长率是6%，其中有1%是劳动增长的结果，2%是资本增长的贡献，那么技术进步率就是3%。应该指出的是，收入弹性和生产率上升率是相互联系的，对于战略产业的确定来说，这两个指标缺一不可。从供给方面看，如果仅有较高的生产率上升率，而没有较好的销售为基础，那么，生产率的上升最终将受到抑制。反过来，从需求方面看，如果一个产业，其产品具有较高的收入弹性，但由于受技术条件的制约，生产却很难随着需求增长而扩大，那么，该产业也将无法成为未来的主导产业。筱原所提出的这两条基准，具有普遍的指导意义，曾对日本战后的产业结构调整起过重要的指导作用，也的确收到了令人注目的成效。

实践证明，合理地确定战略产业，并采取措施，适时推动产业结构的转换，对一个国家经济的发展是十分重要的。在这方面，日本的成就可以说是有口皆碑。与日本相反，英国曾是世界第一经济强国，但由于英国政府没能未雨绸缪，迅速地将产业结构的重心从纺织业转向重工业，特别是转到机械工业上，致使英国丧失了可贵的经济发展机遇，从 20 世纪 20 年代起开始沉沦，经济长期陷入停滞状态，后人称这段历史为“20 年代黑暗的英国”。

马歇尔冲突

●规模经济和竞争活力对经济的发展都很重要，但它们之间存在着顾此失彼的矛盾，这就是所谓的“马歇尔冲突”。

人们总是难以避免在两难中选择，对19世纪英国经济学家马歇尔来说，又何尝不是如此。这位剑桥学派的掌门人在对价格机制的诠释方面，表现得才华横溢，但面对规模经济和竞争活力两者之间顾此失彼的矛盾，却显得一筹莫展。是去追求规模经济而宁愿扼杀竞争的活力？还是为了保持竞争的活力而去牺牲规模经济？马歇尔将这道世纪难题留给了后人。在此之后，围绕着这个问题，经济学家们展开了一场旷日持久的辩论，并逐步形成了一门新的经济理论——产业组织理论。

经济学的中心议题是资源的配置问题，即如何将有限的经济资源做最佳配置，以满足人类的需要。古典经济学的开山鼻祖亚当·斯密认为，人们追求自身利益的竞争就像一只无形的手，支配着人、财、物等资源在各产业间移动，从而使社会需求和社会生产相均衡，使资源的利用趋于合理，这就是西方经济学中“看不见的手”的原理。

具体地说，一个社会有限的经济资源是如何达到最合理分配的呢？西

方经济学认为，担此大任的是价格和竞争。价格以及由价格而来的利润就像一盏信号灯，指示着哪种商品生产、哪个产业部门的资源分配过多或资源分配不足。分配过多则生产过剩，价格下跌，无利可图；分配不足则供不应求，价格上涨，获利丰厚。这样，在价格机制的引导下，追求个人利益的竞争就会使资源从无利可图的地方转移出来，投向获利丰厚的部门，从而达到资源在产业间的合理分配，使社会生产和社会需求趋向均衡。同时，在生产同一种商品的劳动者之间，还存在着劳动生产率进而表现在生产成本上的差别。那么，成本较低的生产者就可以较低的价格出售产品，赢得更多的顾客和市场占有率，从而使它的生产能够进一步扩大，占有更多的资源。相反，那些成本较高的生产者就会在竞争中失去顾客，失去市场，并最终失去手中的资源。这样价格和竞争又可以向效率更高的生产者分配资源。由于价格机制的引导作用是自动的，无须任何人费心劳神，因此，只要保持充分的竞争，经济资源的配置最终总能达到最优。正是基于这种看法，西方经济学认为，自由竞争是一切经济活动和经济进步的原动力。这一信条后来经过马歇尔的包装和诠释，显得更加完美和诱人，以至于时至今日，人们仍然把维护自由竞争作为经济学的第一要务。

经济学归根结底是一门指导人们如何作出选择的学问，作出选择之所以必要，首先是因为现实世界存在的诱惑太多。19 世纪后半叶，工业革命的飓风席卷整个世界，致使企业规模的迅速扩大在技术和物质上成为可能。于是，人们开始对规模经济怦然心动。所谓规模经济，通俗地讲就是大规模生产带来的好处，这里所说的经济，实际上是指节省、效益或者好处的意思。经济学的研究表明，很多的工业部门具有规模节约的特点，即随着经济规模的扩大，其单位产出的平均成本是不断下降的，生产越多，平均成本越低。在这种具有规模经济的产业中，与其让很多企业相互竞争，每家都生产一点，谁都吃不饱，平均成本居高不下，倒不如把全部生产都交给少数几家甚至是一家企业，让它（们）开足马力，社会需要多少就生产多少，把平均成本降到最低。比如长途电话，如果允许许多企业开展竞争，去铺设各自相互重叠的通信网，无疑会导致经济资源的巨大浪费，让其中的一家企业扩大规模，将所有的业务都交给它经营，反而对整个社会都是有利的。充分享有规模经济，对提高一个企业，乃至整个国民经济的经济效益，都具有不可估量的意义。根据1959年英国学者马克西和西尔伯斯通对汽车工业的研究，当一种车型的年产量从1000辆增加到10万辆时，单位成本将下降55%。第二次世界大战以后，特别是近十几年来，国际企业兼并浪潮风起云涌，一个重要的原因就是追求规模经济。

不幸的是，每个产业的市场规模都不是无限的，当有限的市场规模和企业追求规模经济的行动碰在一起时，必然导致生产越来越集中，企业的数目不断减少。最终有可能形成一个独霸市场的垄断寡头，从而使它获得人为操纵价格的力量。即使在少数几个企业占有某一产业大部分生产的垄断市场上，它们为了避免在竞争中两败俱伤，也常常可以通过合谋或组成卡特尔等形式，控制这一产业的价格，扭曲市场配置资源的机制。比如某一产业的生产能力出现了过剩，如果让市场机制充分发挥作用，一部分资源就应从该产业中退出，但由于市场垄断扼杀了自由竞争，处于垄断地位的企业就有可能通过在暗地达成协议，来限制产量，维持固定价格，使这些企业在开工不足、设备闲置的情况下安然无恙地生存下去，不发生资源的移动。这显然是一种巨大的浪费。反过来，如果某一产业的生产能力不足，垄断寡头又通过设置种种壁垒，阻止资源的流入和新企业的出现，从而使自己安享超额利润。这样，一旦垄断价格得以形成，企业间的价格竞争就不存在了，垄断企业的市场地位就会相对稳定下来。竞争的压力大大减小了，企业追求技术进步的动力也就相应地减弱了。列宁在他的《帝国主义是资本主义的最高阶段》一文中曾举过一个非常生动的例子，“美国有个欧文斯发明了一个能引起制瓶业革命的制瓶机，德国制瓶工厂主的卡特尔收买了欧文斯的专利权，可是把这个发明品搁起来迟迟不用”。

一句话，大规模生产的好处令人垂涎欲滴，但追求规模经济的结果往往导致垄断的发展。它将使价格机制失去作用，资源的市场配置机制遭到扭曲，自由竞争这一经济发展的原动力被人为地扼杀，整个经济活动失去了活力。规模经济和竞争的活力之间这对难分难解的矛盾，最早是由马歇尔在他的名著《经济学原理》中揭示的，因此后人称这对矛盾为“马歇尔冲突”。

马克西—西尔伯斯通曲线

● 所谓规模经济就是大规模生产带来的好处。充分享有规模经济，对于提高一个企业乃至一个国家的经济实力，具有重要的意义。

1959 年，英国学者马克西和西尔伯斯通共同出版了《汽车工业》一书，该书依据当时的生产技术和工艺水平，研究了汽车生产线的平均费用和产量之间的关系，指出，当汽车年产量从 1000 辆增加到 5 万辆时，单位成本将下降 40%；从 5 万辆增加到 10 万辆时，单位成本下降 15%；从 10 万辆增加到 20 万辆时，单位成本下降 10%；从 20 万辆增加到 40 万辆时，单位成本下降 5%。根据这一变化趋势，马克西和西尔伯斯通描绘了一条汽车生产成本随产量不断下降的曲线，这就是举世闻名的马克西—西尔伯斯通曲线。实际上，马克西一西尔伯斯通曲线不仅适用于汽车产业，而且适用于很多其他的工业部门，它的经济含义是，大规模生产具有规模节约的特点，即人们常说的规模经济。

形成规模经济的原因，从根本上说是由于生产活动的“不可任意分割性”。任何的生产设备和生产活动，都必须在加工对象达到了相当的数量之后才能进行。不可想象，一个上万立方米容积的高炉，仅为生产几吨铁而启动，这种带有不可分割性的生产活动要取得效益，客观上必然要求一定的规模做支撑。具体地说，大规模生产带来的好处，可以从以下三个方面得到解释：首先是技术、工艺上的原因。大批量生产体系的发展，必定是同采用更先进的工艺，使用更大型、高效率的设备相联系的，这无疑会降低平均费用。这种情况在化工、石油、钢铁、水泥等所谓的装置产业表现得最为明显。其次，大规模生产有利于实现生产过程的标准化、专业化和简单化。古典经济学的开山鼻祖亚当·斯密在论述专业化分工时，曾援引过一个著名的例子："一个劳动者一天难以生产一根针，但多数的人分工进行生产，一天每个人能生产4800根针，是分工前的4800倍。"而且，从产品、工艺到管理过程的标准化、专业化和简单化。使生产对熟练工人的依赖程度降低，使得专用工具、生产线和流水作业的采用成为可能。最后，大规模生产有利于原材料的节约和利用。以火力发电机组为例，35万千瓦机组的热效率为5.5万千瓦机组的1.47倍，重油消耗定额可下降26%；60万千瓦机组，其热效率为5.5万千瓦机组的1.54倍，重油消耗定额可下降28%。不过，应该注意的是，规模扩大带来的"经济"，即平均成本下降的趋势，并不是无限的。规模达到了一定的程度，如果继续扩大生产，规模经济就不再出现了。而且，不伴随着技术、工艺的进步；没有分工、协作及"三化"的进展，单有批量的加大，规模经济也是无法取得的。

实现规模经济，主要依靠两个方面的努力：一是充分实现生产和管理过程的标准化、专业化和简单化，发挥分工和协作的效益；二是通过企业间的合并和联合，增强企业实力，不断进行技术和设备的更新改造，扩大产出规模。如果说前者是实现规模经济的组织与管理条件，后者则是物质和技术条件，他们都是取得规模经济所不可缺少的。企业联合的方式很多，归纳起来说，不外乎横向联合和纵向联合两种基本类型：横向联

合就是把经营同类商品的企业合并在一起，实现企业的资产扩张，扩大市场占有份额；纵向联合则是将处于生产工艺过程不同水平的企业合并，通过将连续加工生产统一起来，获得所有产品的效益，即“全产品生产线效益”。大量的研究表明，不同行业的生产技术和工艺流程不同，企业联合的形式和途径也有很大差别，在钢铁、石油、化工等装置工业中，最适于“一贯制”，即从原料到成品生产集中在一个企业中的纵向联合方式。而在食品、服务等行业中，横向联合的方式则较为多见。值得注意的是，企业联合，不一定非要形成一个经济实体，很多时候，“企业系列”在利用规模经济方面也有不俗的表现。所谓企业系列就是，许多中小企业围绕着一个实力雄厚的大公司，或者经营上比较稳定、技术上具有专长的优良企业，通过资金、技术和其他方面的业务联系，形成一种松散的、多层次的依赖关系。比如汽车工业，需要2万多个零部件才能组装为成品，就可以采用企业系列这种方法，对这些零部件实现分散的专业化生产。尽管许多中小企业的规模不大，但由于产品简单，品种不多，因此无碍于规模经济的利用。同时，它们以大企业为中心，还可以在资金、信息和技术方面获得许多便利，从而弥补企业规模较小的不足。

充分享有规模经济，对提高一个企业乃至一个国家的经济实力，都有非常重要的意义。在这方面，日本的成就可谓举世瞩目。第二次世界大战结束以后，在美军占领期间，日本推行了一系列“经济民主化”措施，其中包括“解散财阀”和“禁止垄断”等内容，从而造成了日本中小企业丛生的局面。但日本政府很快注意到，这样一种市场结构，虽然可以维持充分的竞争性，但由于企业规模过小，不利于发挥规模经济，也不利于提高日本企业在国际上的竞争力。因此，从20世纪50年代中期开始，日本政府逐步将产业组织政策的重心，转移到促成发挥企业规模经济这个议题

上。尤其是在有些战略产业中，由政府进行强烈干预，甚至制定有关法律，强制性推动企业兼并、联合，建立专业化的协作体系。很多学者认为，这一着棋，是日本经济迅速发展，以至于跻身世界经济大国之列的重要秘密之一。

熊彼特假说

●与传统经济学对垄断的批评相反，熊彼特认为巨型公司是推动技术进步和经济动态创新的发动机。

迄今为止，经济学仍然对垄断者抱怨得很多，他们把价格定得太高，又将产量压得过低，以赚取超乎寻常的利润；他们总是无比贪婪，靠损害消费者的福利，来塞满自己的腰包。所有这些，曾经把那些垄断者们搞得声名狼藉。然而，就在一片此起彼伏的责难声中，有一个人的观点却与众不同，他就是美籍奥地利经济学家、哈佛大学教授熊彼特。这位一生都在追求标新立异的学者，用诗一般的语言谆谆告诫人们：“不断的创新就像是跳动的琴弦，演奏着经济成长的美妙乐章，而拨动琴弦的正是那些领导市场的巨型公司，我们有什么理由去指责我们的乐师呢?”

熊彼特的话无疑开阔了我们的思路，当我们重新审视垄断对社会福利是否带来了损害时，首先必须回答这样一个问题，技术创新重要吗？大约在200多年前，斯密和李嘉图就讨论过技术变动的经济学，然而直到工业革命以后，特别是科学技术突飞猛进的当代，经济学家才开始大力从事这个课题的研究。比较一致的看法是，科技进步降低了成本，提高了质量，扩大了产出，使得人们可以花费更低的价格去享用性能更为优良的产品。

一句话，技术进步的确增进了整个社会的福利。美国卡特总统的经济顾问委员会主席舒尔茨曾在他提交给总统的备忘录中写到：“从长远来看，科学知识，以及将它转化为新的更先进的产品和生产方式，的确是推动经济增长的最重要的力量。如果世界主要工业国家在过去两个世纪只是积累资本，而仍然使用18世纪的科学和技术，那么，今天的产出、收入和生活水平，恐怕只能是现在实际情况的一个零头。根据索洛的估计，美国经济增长的80%～90%是技术变动引起的。”

既然技术创新的作用是如此重要，那么，究竟是谁在拨动创新的琴弦呢？人们传统的看法是，在一个充满竞争的市场上，生存的压力必然迫使企业开展研究和开发，这正是自由竞争使得经济生活充满活力的原因之一。熊彼特对此表示异议，并提出了他自己的假说：科研开发在生产集中的行业中，要比自由竞争的行业表现得更为明显，惟有巨型公司和不完全竞争才是技术变革的源泉，是经济动态创新与技术增长的发动机，这一观点似乎已经部分地得到了实证资料的支持。1972年，在美国全部非官方的技术开发投资中，5000人以上的企业提供了87%，而与这一数字相比，250万个中小企业所占的比重只有4%。贝尔实验室是一个更为典型的例证，这个巨型的科研机构，直接从属于世界上最大的垄断组织——美国电报电话公司。在贝尔公司体系被迫拆分以前的40年中，贝尔实验室在晶体管和半导体、电磁波和光导纤维、泡沫记忆材料和程序语言、卫星和电子导航技术等诸多方面，进行了开创性的研究，它所拥有的科研经费，占美国全部基础研究的10%之多。另外，杜邦公司、美国无线电公司、国际商用机器公司、通用电气公司、通用汽车公司和其他许多大公司的科研活动，也有力地说明了熊彼特的观点。

为什么巨型公司比中小企业更加热衷于技术开发呢？我们总结一下熊彼特及其支持者的论述。科研开发与一般的生产活动有很大的差别。当贝尔实验室发明了晶体管时，技术的进步扩散到了整个世界。日本的电视、德国的汽车、美国的微型计算机以及每个人戴的数字手表，所有这些产品都从晶体管和半导体中得到了巨大的好处。然而相比之下，贝尔实验室却只以专利税的形式得到了微不足道的货币收入。用一个经济学的术语来说，这就是科研开发活动的外部性。它有助于说明，为什么大厂商更愿意从事研究与开发。如果国际商用机器公司（IBM）的计算机占据整个市场份额的65%，那么，任何一项计算机方面的创造发明，都会给它带来巨大的好处，它对投资于研究和开发无疑具有强大的动力。反过来，如果你在计算机市场上占有的份额微不足道，让你花费巨大的投资，去开发一种新型的键盘，既使能够开发成功并在市场上得到推广，你又能得到多少好处呢？

推动技术进步不仅需要创新的热情，更需要真金白银的实力。技术创新的成本太高了，只有大公司才有能力支付。而且，许多开发活动都是旷日持久的，即使小企业能够看到它的市场前景，但囿于财力的不足，也可能无法将研究维持到得到报酬的那一天。说到这里，你可能要问，既然小企业从事技术开发存在巨大的资金障碍，那么，对于一些私人发明或政府资助的科研项目，小企业染指的障碍是不是大大减小了呢？其实不然，任何一个最初的发明构想，要让它最终具有商业价值，都需要企业的支持，需要投入大量的资金。蒸汽机和复印机的出现就说明了这一点。蒸汽机是詹姆斯·瓦特在1765年发明的，但在此以后相当长的一段时间里，瓦特却找不到必要的支持将它进一步完善，直到11年后马修·博尔顿提供了资金，这项发明才开始变成商业实践。复印机的发展也遇到了类似的问题，早在1938年，切斯特·卡尔森就完成了这个发明，但它在最后由施乐公司大批量生产以前，共花费了21年时间和2000多万美元。

即便是在目前建立了比较完善的专利制度的国家，先进的技术和工艺

也是很容易被窃取和模仿的，这就是知识产权的“泄漏”现象。在一个充满竞争的市场上，泄漏是经常发生的，发明者不大能够确立其信息财产的所有权。而减少竞争却可以使新发明得到更大的保护，从而为研究和开发提供相应的刺激。而且，科研开发可能会得到各种不同的结果，常常会失之东隅，得之桑榆，在一个领域的探索性研究，最终导致另一个领域里新的发现。开发投资的这种不确定性，对多样化经营的大厂商有着更高的刺激，却使小厂商面临着更大的风险，它们毕竟不愿意“将所有的鸡蛋都放在一个篮子里”。

有一段非常具有煽动性的话，经常被巨型公司的敌视者们挂在嘴边：“我们应制止资本的大量聚集，因为在资本的大量聚集面前，人民除了容忍更多的盘剥之外，是无能为力的。”在美国的历史上，这段话曾经不止一次地引来公众狂热的欢呼。然而，熊彼特却向狂热的人群迎面泼去一盆冷水：请睁开眼仔细地看一看，那些高度集中的市场——计算机、电信、飞机制造，同时也是最具有创新性的。虽然有人认为垄断维持了较高的价格，但相对于其他行业而言，这些垄断行业的价格却是不断降低的。

国际贸易理论

国际贸易的基础

俄林的要素禀赋说

里昂惕夫之谜

贸易利益的共享机制

关税同盟：自由贸易之岛

幼稚工业保护论

发动机还是绊脚石

国际贸易的基础

● 如果优势国家生产优势更大的产品，劣势国家生产劣势较小的产品，并开展贸易，则双方都能得到好处，萨缪尔森称，这是“国际贸易不可动摇的基础”。

从前有个地主，是个十足的拜金主义者，每次下乡收取地租，他都只收金币，不收任何实物。后来沿途的人们就联合起来，只给他金币，不给他任何吃喝的东西。结果这个贪心的地主在火辣辣的太阳下奔波了一天，又渴又饿，守着满满一车黄金却差点死掉……

以上的故事纯属虚构，不过，早期人们对国际贸易的认识，就是这样一种“金迷心窍”的观点，它就是17世纪重商主义的贸易学说。这种学说认为，一切经济活动的最终目的都是为了得到金银货币，而要达到这一目的，除了开采金矿和银矿外，只有从事贸易，即商品流通，通过一手低价买入，一手高价卖出来积累金银。在一国国内，这种活动只会使一部分人获利，一部分人受损，并不能增加国内的金银货币总量，只有发展对外贸易，且保持贸易顺差时，金银才能流入国内，本国才能实现财富的增长。正是基于这种理论，16～17世纪的各国政府，无不对国际贸易实行

管制，鼓励出口，限制进口，鼓励金银流入，严禁金银流出。例如当时西班牙国王就规定，外国商人在西班牙出售货物所得的金银，必须用于购买西班牙的商品。国王有权为此指派特别“监督”，甚至是密探。对私自将金银运到国外者，要判处死刑。用一句话来概括重商主义的实质，就是经济政策应千方百计地为国家积累金银，商品流通是财富的真正源泉。

18 世纪中叶，蒸汽机和大工业时代的到来显示了巨大的创造力，也引导人们开始从生产的角度去看待国际贸易的问题，大家所熟知的古典经济学家亚当·斯密，首先就一个国家应按照什么样的原则来进行国际贸易提出了完整的命题，这个命题就叫做“绝对优势说”。

斯密认为，重商主义者把金银财宝和真正的财富混淆在一起，实际上，对一个国家来说，真正的财富不是金银，而是生产创造的商品和劳务。因此，作为扩大生产的手段之一，社会分工可以提高劳动生产率，促进生产的发展和产量的增加，从而实现国民财富的增长。那么，分工的原则是什么？就是每个人都生产自己最擅长的那种产品，然后进行交换。斯密指出，如果自己生产某种物品，比购买它的花费还多，就应该去购买而不是自己生产，这是每一个精明的家长都明白的格言。裁缝不想自己做鞋子，而要向鞋匠购买，鞋匠不愿自己做衣服，而要雇佣裁缝制作，农村的居民，与其自己做鞋子和衣服，还不如专心生产粮食，然后用粮食去交换。这种个人之间的分工原则，也适用于国家之间。所以在 1776 年出版的《国富论》这本古典经济学的奠基之作中，斯密写到：“如果其他国家提供的某种商品，比我们自己生产更便宜，那么，与其我们自己来生产它，还不如输出我们最擅长生产的商品，去跟外国交换。”比如苏格兰可以在暖房中种植葡萄，酿造出上等的美酒，但它的成本比国外要贵 30 倍。在这种情况下，如果为了鼓励在苏格兰生产酒类，而禁止所有外国酒的进口，显然是愚蠢的。总之，斯密的绝对优势说指明，一个国家应该出口那些在本国生产更有效率的商品，进口那些在国外生产更有效率的商品；按照这样一种原则进行国际贸易，贸易双方都能比闭关自守获得更多的好处。

斯密的绝对优势说暗含这样一个假设，就是参加贸易的双方，至少各有一种具有优势的商品，能在国际间销售。但如果一个国家所有的商品生产，相对于另一个国家都处于劣势，那么，这两个国家之间，还会有国际贸易吗？为了回答这个问题，大卫·李嘉图于1817年提出了他的“比较优势说”。迄今为止，这一理论仍然为世界各国的经济学家所普遍接受，萨缪尔森在他风靡全球的《经济学》一书中，称它为“国际贸易不可动摇的基础”。

比较优势说的推演过程非常复杂，为了便于大家理解，我们不妨听一段故事：有兄弟俩，都已结婚成家，另立了门户。哥哥家养着一头牛，弟弟家有一台拖拉机。如果用牛来耕地，一天可以赚40块钱，搞运输能赚60块钱；拖拉机干活比牛强，耕一天地可以赚50块钱，搞运输能赚100块钱。刚开始的时候，兄弟俩都是上午耕地，下午跑运输，一天下来，哥哥收入50块，弟弟收入75块。几天过后，聪明的弟弟发现了一个问题，就是哥俩一天干两种活，不如分一下工。于是就找哥哥说，从今以后，你替我耕地，我则专门跑运输，每天除了你耕地得到40元外，我再给你20元作为你替我耕了半天地的报酬，这样，你就可以得到60元，比以前多得10元，我在支付了给你的报酬之后，还能得到80元，比以前多得5元，对我们两个都有好处。哥哥起初将信将疑，心里反复盘算，始终不知道这多出的15元是哪里来的，还以为是精明的弟弟在骗他，便支支吾吾，不置可否。后来经弟弟解释，才明白这15元是哥俩分工创造的，于是欣然应允。

上面的例子说明，和牛相比，虽然拖拉机在耕地和跑运输方面都有优势，但占优势的程度并不相同，相对于耕地而言，跑运输的优势更大一些，这就是比较优势的含义之所在。反过来，虽然牛在耕地和跑运输方面都处于劣势，但在耕地方面的劣势更小一些，与跑运输相比，这自然也是一种比较优势。按照比较优势分工的结果，兄弟两个都得到了好处。把这个原理扩展到任何两个国家的任何两种产品，我们就明白了李嘉图的比较优势说，即一个国家不论处于什么发展阶段，不论经济力量是强还是弱，都能确定自己的比较优势，即使处于劣势的也可以找到劣势中的优势。各国只要都根据自己的比较优势进行分工，让优势国家生产优势更大的产品，劣势国家生产劣势较小的产品，然后两国开展贸易，则贸易双方都可以用较小的消耗，创造出更多的财富。这就是说，并非只有“互通有无”才进行贸易，也并非只有在“绝对优势”或“绝对劣势”的情况下才参与国际贸易；只要通过正确的比较，“两优相权取其重，两劣相权取其轻”，任何国家都可以从国际贸易中得到好处。

俄林的要素禀赋说

● 如果一个国家的某种生产要素比较丰富，在生产中密集使用了这种要素的产品必然具有出口优势，应该成为出口品；而进口品则是那些比较密集地使用了本国比较稀缺的生产要素的产品。

中国有句古话叫："靠山吃山，靠水吃水。"意思是说，一个地区应根据自己的资源特点来安排生产，比如大兴安岭地区的木材加工业比较发达，而胶东沿海地区的水产养殖业在全国领先，等等。依据这个简单的道理，20 世纪 30 年代出现了一个轰动一时的国际贸易理论，即要素禀赋学说。

要素禀赋理论的完成者是瑞典的伯蒂尔·俄林，此人不仅是一位功底深厚的经济学家，而且是一位出色的政治家。他曾长期担任国会议员和自由党领袖，并一度出任瑞典商业大臣。1933 年，俄林出版了他《区间贸易和国际贸易》一书，提出了完整的要素禀赋理论，该书被认为是现代国际贸易理论的最重要的著作；由于在这方面所作的开创性研究，1977 年俄林被授予诺贝尔经济学奖。

要素禀赋说的基本原理可以归结为两点：一是国际贸易的起因，二是国际贸易的影响。就国际贸易的起因而言，俄林认为："贸易的首要条件是有些商品在某一地区比在其他地区能够更便宜地生产出来。"如果英国和法国都生产葡萄酒和毛呢两种商品，毛呢在英国的价格比较便宜，葡萄酒在法国的价格则更为低廉，那么，必定会发生英国向法国出口毛呢，并进口葡萄酒的贸易行为。在不同的国家生产同一种商品，之所以会出现不同的价格，原因是资本、土地和劳动等生产要素的价格存在差异，而这一点又主要是由这些生产要素的丰裕程度不同，即生产要素的禀赋差异引起的。因此，如果有一种产品，在生产中较多地使用了本国比较丰富的生产要素，其价格必定比较便宜，因而会成为出口品；反之，进口品则是那些较多地使用了本国比较稀缺的生产要素的产品。

由于各种生产要素彼此之间不能完全替代，所以在生产不同的商品时，必须使用不同的生产要素。根据产品所包含的要素密集程度的不同，可以把国际贸易商品大致分成以下五个类别：劳动密集型、资本密集型、土地密集型、资源密集型和技术密集型。根据俄林的理论，国际贸易的流向应该是劳动力众多的国家，集中生产劳动密集型产品，出口到劳动力相对缺乏的西欧；20 世纪二三十年代日本蚕丝业的发展，以及日本丝织品的大量出口就是典型的例子。加拿大、澳大利亚和阿根廷等地广人稀的国家，应集中生产谷物、畜产品等土地密集型产品，出口到西欧、日本等国去。而美国则应集中生产资本密集型产品，如机器设备等，出口到资本相对缺乏的国家。

关于国际贸易的影响，俄林认为，国际交换可以消除不同国家之间的商品价格差异，进而消除生产要素的价格差异。比如说一个劳动力丰富而资本相对短缺的国家，在闭关自守的情况下，肯定是劳动力的价格低，资本的价格高，但如果该国按照要素禀赋说开展国际贸易，大量出口劳动密

集型的产品，就会增加对劳动力的需求，从而提高了它的价格；另一方面，却减少了对比较稀缺的资本的需求，进而降低了它的报酬。因此，国际商品流动，可以在很大程度上弥补生产要素难以流通的不足（土地这种生产要素就是不能流动的），逐步消除生产要素的价格差异；这就是所谓的要素价格均等说。不过在俄林看来，要素价格均等，仅仅是一种趋势。但1949年萨缪尔森发表了《再论国际要素价格均等》一文，他通过严格的数学推导证明，在某些特定的条件下，国际要素价格均等不是一种趋势，而是一种必然。正是基于要素价格均等说，俄林认为，按照要素禀赋进行分工，可以使各种生产要素得到更有效的利用，逐步提高丰裕要素的利用效率，减轻稀缺要素的瓶颈制约，从而提高生产率，促进经济发展和产量增加。这就是说，依靠市场的自动调节机制，让商品和生产要素自由流动，会给所有国家带来最大的福利，因此，各国应放宽贸易限制，推行贸易自由化，否则国际分工的利益将无法实现。

西方经济学界对俄林的评价极高，认为他是现代国际经济学研究的开拓者和现代国际贸易理论的奠基人。他的要素禀赋理论，观点鲜明，逻辑严密，几乎每一步都可以进行数学推导，并且非常实用，已经成为指导各国贸易政策的理论依据，发展成一个独立的经济学分支。第二次世界大战以后，国际金融和贸易秩序紊乱，西方各国迫切需要一个调整国际经济关系，恢复自由贸易的理论武器，俄林的要素禀赋说，正好迎合了这一要求；同时他关于生产要素在国际间优化配置的思想，对讨论西欧经济共同体的发展也具有很强的说服力。无怪乎1977年瑞典皇家科学院在评价俄林的贡献时说：早在20世纪30年代就问世的著作，“其理论的深广和重要，直到战后数十年来世界贸易获得了迅速增长后，才被人们认识清楚”。

应该指出的是，要素禀赋说并非是俄林的首创。早在1919年，俄林在瑞典商学院读书的时候，他的老师赫克歇尔就发表了《对外贸易对国民收入之影响》一文，提出了有关的一些基本思想；后来的要素禀赋说，就是俄林在继承这些思想的基础上发展而来的。因此，在西方经济学的文献中，人们往往将要素禀赋说称作赫克歇尔—俄林定理，这个定理的核心内容是：一国应该出口运用本国丰饶的生产要素所生产的产品，进口运用本国短缺的生产要素所生产的产品。

里昂惕夫之谜

●按照传统的贸易理论，像美国这样资本比较丰富的国家，应该出口资本密集型产品，进口劳动密集型产品；但里昂惕夫对美国贸易结构的实证研究，却得出了完全相反的结论，史称里昂惕夫之谜。

20 世纪 30 年代，瑞典经济学家俄林创立了著名的要素禀赋说，得到了西方经济学界的普遍接受。这一理论的核心内容是：如果一个国家的某种生产要素比较丰富，在生产中密集使用这种要素的产品就具有出口优势，应该成为该国的出口品；而进口品则是那些比较密集地使用了本国比较稀缺的生产要素的产品。依照这一原理，像美国这样资本比较丰富的国家，它在生产机器、设备等资本密集型产品方面有较大的优势，应该出口资本密集型产品，进口劳动密集型产品。然而第二次世界大战以后，美国知名经济学家里昂惕夫利用统计资料，对美国贸易结构进行考察，却得出了完全相反的结论。理论和现实之间的这个矛盾，一时震惊整个西方经济学界，被称为“里昂惕夫之谜”。

里昂惕夫早年出生在俄国，15 岁上大学的时候，就读遍了列宁格勒

各大图书馆的所有经济学著作，成为一名“优秀经济学家”。1927年由于被指控“参加反政府的阴谋活动”，里昂惕夫被迫离开苏联，辗转来到美国，任哈佛大学经济学教授，后来凭借在投入产出分析方面的杰出贡献，获得诺贝尔经济学奖。里昂惕夫起先对俄林的要素禀赋说是深信不疑的，20世纪50年代初，他利用1947年美国对外贸易的统计资料，分别计算了每100万元出口品和进口品中包含的资本和劳动，本意是想对这个理论加以验证，然而计算的结果让他大吃一惊：美国出口品中的资本含量比进口品少30%，这意味着，美国出口的竟是劳动密集型产品，进口的却是资本密集型产品。用里昂惕夫的话来说：“美国参加国际分工，是建立在劳动密集型生产专业化基础之上的。换言之，这个国家是利用对外贸易节约资本和安置剩余劳动力，而不是相反。”这个研究结果公布后，引起了轩然大波，有人指责里昂惕夫使用1947年的贸易数据不够典型，因为当时二战刚结束不久，贸易格局极可能歪曲。于是，里昂惕夫就使用1951年的贸易数据又计算了一次，结论仍然相同。后来另一位经济学家鲍德温再用1958年和1962年的数据检验，结论还是相同。不仅如此，其他经济学家又纷纷检验别国的贸易结构，结果有的符合要素禀赋说，有的则存在里昂惕夫之谜。这样，里昂惕夫之谜时隐时现，此有彼无，西方经济学界为此大伤脑筋，开始了20多年旷日持久的探讨和辩论，许多人都试图解开这个“谜”。

里昂惕夫最早做了尝试，他认为，这可能是由于美国的劳动生产率较高造成的。根据他的计算，美国工人的劳动生产率约为外国工人的3倍，运用同样数量的资本，美国工人的产出比较多。虽然从表面上看，美国资本丰富，劳动力短缺，但由于美国工人可以一当三，经过换算以后，实际上美国的劳动力丰富，资本相对短缺。因此，它应出口劳动密集型产品，进口资本密集型产品。对于这个解释，很多经济学家并不接受。1965年，

克雷宁研究跨国公司在美国本土和欧洲的劳动生产率，结果显示，美国工人的效率，最多比欧洲同行高 1.2 ~ 1.25 倍，而按照这样一个比例来测算，里昂惕夫之谜仍然存在。

另外两名经济学家凯伍斯和琼斯则另辟蹊径，试图用人力资本的理论来解释这一问题。他们通过研究发现，美国出口部门中熟练劳动的比例大于进口部门，而非熟练劳动转化为熟练劳动，需要投入大量的教育和培训费用，这种投入也是一种资本投入。比如说出钱让工人培训 6 个月，同样的钱也可以用来买机器、买设备、建厂房；另一方面，机器厂房等有形资本一旦形成，就可以重复取得收益，技术熟练的劳动者也能不断得到较高的收入，与有形资本完全是类似的，因此劳动者的技能也是一种资本，称为人力资本。在总资本中加入人力资本的因素，再来比较美国出口品和进口品的资本含量，他们发现，里昂惕夫之谜消失了。我们也可以把人力资本理论看做是对俄林要素禀赋说的进一步扩展，它将人的劳动技能当作是一种新的生产要素，引入俄林的分析框架中。凡是人力资本比较丰富的国家，这种生产要素就具有相对优势，因此应出口技能密集型产品。

受人力资本理论的启发，经济学家基杰宁提出了第三种解释——技术进展理论，他认为，技术和人力资本一样，能够改变土地、劳动和资本在生产中的相对比例关系。人力资本能够提高劳动生产率，而技术可以提高土地、劳动和资本三者的生产率，或者提高三者作为一个整体的全要素生产率。人力资本是过去对教育和培训事业投资的结果，而技术是对研究和开发投资的结果。因此，技术和人力资本一样，可以看做是一种资本或一种独立的生产要素。通过研究发现，美国运输、电器、工具、化学和机器制造等五个重点出口产业，同时又是出科研成果、推出新产品的重点产业，在产品的设计、生产和销售等过程都投入了高水平的技术力量。这就是说，如果把技术看做是一个生产要素，那些注重科研和发展的行业，它

的科研密集型产品就具有高度的出口优势，由于技术创新来自对科研和发明创造的投资，因而出口科研密集型产品的国家，一般都是资本相对丰裕的国家。

里昂惕夫之谜的实质是理论和现实的矛盾。在20世纪二三十年代之前，生产中投入的要素主要是土地、劳动力和机器设备，其他因素的作用并不明显，要素禀赋说能够对当时的国际贸易作出较好的解释。然而第二次世界大战以后，科学技术、熟练劳动在生产中的作用日益加强，已经成为一种非常重要的生产要素，而这些并没有包含在原有的理论之中，里昂惕夫之谜就反映了这种理论和现实的差距。除了以上几个方面的内容之外，对里昂惕夫之谜的解释还很多，它们或是修改俄林假设的前提，或是在俄林的分析中引入新的生产要素，总之都使要素禀赋说更加丰富、实用、立体化和动态化了，从而为国际贸易理论迎来了一个新的发展阶段。

贸易利益的共享机制

●贸易利益的分配取决于贸易双方的商品交换比例，即贸易条件；而贸易条件又随双方相互需求的变动而改变。

李嘉图的相对优势说被著名经济学家、诺贝尔经济学奖获得者萨缪尔森称为“国际贸易不可动摇的基础”。这个理论的核心内容是，如果两个国家分别生产自己具有相对优势的产品，并进行交换，则双方都能得到好处。那么，双方在贸易利益上的分享比例是多少？是三七开，还是四六开？李嘉图并没有作出回答。由此留下的缺憾最终由李嘉图的学生约翰·穆勒给予了弥补。穆勒是位天才般的人物，他 3 岁学习希腊文，7 岁熟读柏拉图的对话，次年学习拉丁语，13 岁时已对经济学有了相当的见解。穆勒一生著作等身，其中《政治经济学原理》一书获得极大成功，使他得以流芳百世。在这部书的第三篇第十八章中，穆勒提出了相互需求原理，第一次从理论上解决了两国之间贸易利益的共享机制问题。

在正式介绍穆勒的相互需求原理之前，先让我们来听一段古埃及的传说：在尼罗河的下游，居住着两个农夫，一个叫安第斯，一个叫布阿吉。安第斯擅长育种，不喜欢种地吃苦，布阿吉则勤劳肯干，是把种地的好手。为了发挥各自的优势，两人决定分工合作，由安第斯专门为布阿吉提供良种，秋收以后，布阿吉按一定的比例偿还稻谷。安第斯每消耗100斤稻谷，能选育出10斤良种，这些良种交给布阿吉种下，可以比一般的种子增产200斤，那么，增产的200斤稻谷应如何分配呢？这要取决于布阿吉的偿还比例。1∶10是安第斯能够容忍的下限，低于这个比例。安第斯的育种所得，不足以弥补他的消耗；1∶20是布阿吉愿意承受的上限，高于这个比例，增产的稻谷全都被安第斯拿走布阿古就无利可图。因此，偿还比例必定在1∶10和1∶20之间。在这个范围之内，具体比例由他们两人商定，如果布阿吉特别需要安第斯的种子，他会支付较高的代价，如果安第斯非常愿意与布阿吉合作，他将索取较少的稻谷。不管怎样，偿还比例越是靠近布阿吉的上限，利益分配越是对安第斯有利，反之，分配的天平将向布阿吉倾斜。

与上面的例子类似，相互需求原理认为，贸易利益的分配取决于贸易双方的商品交换比例，即贸易条件。如果一国既定数量的出口品，可以换回更多的进口品，则意味着该国贸易条件的改善，它可以从国际贸易中获得更大的利益，反过来，如果出口换回的进口品减少，则是贸易条件的恶化。假如中国和日本都生产茶壶和茶杯两种产品，在中国国内，1个茶壶的生产成本相当于2个茶杯，也就是说茶壶和茶杯的交换比例是1∶2；而在日本的比例却是1∶5。那么，如果中、日两国开展贸易，贸易条件就应该在1∶2和1∶5之间；比如按照1∶3的比例，中国出口茶壶，日本出口茶杯，此时中国可以用1个茶壶换取比国内更多的茶杯，而对日本来讲，则可以用较少的茶杯换取1个茶壶。这样，两国就可以分享国际贸易的利益。中国不可能允许贸易条件低于1∶2，低于这个比例，与其进口茶杯，不如自己生产更为合算，我们无法从国际贸易中得到任何好处，所有的贸易利益都被日本所独占；反过来，日本也不可能允许贸易条件高于1∶5，将所有的贸易利益都拱手让给中国。因此，商品的国内交换比例，决定了

贸易条件的上限和下限，在这个限度之内，贸易条件取决于两国的需求。比如中、日两国原来按照1∶3的比例交换茶壶和茶杯，后来日本对茶壶的需求增加，它只好用较多的茶杯来交换，贸易条件就有可能变成1∶4。按照这个比例，双方仍能分享贸易利益，但中国分享的份额增大了。同样的道理，如果中国对日本茶杯的需求增加，中国的贸易条件就会恶化，并牺牲掉一部分贸易利益。

在《政治经济学原理》一书中，穆勒用一段非常简练的话对贸易条件的决定作了总结。他说："可以提出的惟一的一般法则不外是这样：一个国家以它的产品和外国相交换的交换比例（贸易条件）取决于……它对这些国家的产品的需求和外国对它的产品需求的数量和需求的增加程度的比较……外国对它的商品需求愈是超过它对外国商品的需求……贸易条件对它愈是有利。这就是说，它的一定数量的商品将会换回更多的外国商品，它从国际贸易中获得了更大的利益。"

穆勒的相互需求原理可以解释贸易利益的确定，但也有其局限性。这个原理只能适用于经济规模相当、相互需求对市场价格有显著影响的两个国家。如果两国经济规模相差悬殊，小国的需求相对于大国来说微不足道，那么大国的国内交换比例，也就是两国间的贸易条件。例如在石油输出国组织成立以前，委内瑞拉和美国在汽车和石油方面的贸易关系就是这样。委内瑞拉是个小国，在美国市场所占的份额很小，它从美国进门汽车，对汽车的需求并不能因此而增加多少，它向美国出口石油，对美国石油市场的影响也不会很大。因此，委内瑞拉和美国进行贸易，只能按照美国的价格购买汽车，出售石油，两国之间的贸易条件，实际上是美国国内汽车与石油的交换比例。由此我们可以得出一个结论，大国和小国之间开展贸易，一般来说，小国分享到的利益要相对多一些。

李嘉图的相对优势说只是证明了国际分工和国际贸易能给参加国带来

好处，但带来的好处有多少，贸易双方各占了多少，这些问题李嘉图并没有解决。穆勒第一次用商品的国内交换比例，解释了贸易双方获利的范围，用相互需求原理，解释了贸易条件的决定，并利用贸易条件，说明了贸易利益在贸易双方的分配问题。所有这些，都是对李嘉图相对优势说的重大发展，因此，穆勒被视为李嘉图的正位继承者，他那个时代最伟大的经济学家之一。

关税同盟：自由贸易之岛

● 关税同盟取消了成员国之间的贸易限制，对外实行统一关税，这有利于在同盟内加深国际分工、扩大国际贸易，同时也会造成对非成员国的贸易歧视。

尽管早在1776年，亚当·斯密就在《国富论》中指出了自由贸易的好处，后来李嘉图对此又进行了更进一步的论述，但由于每个国家都有一本“难念的经”，迄今为止，全球的贸易自由化在实践中仍然是个梦想。人们更多的是在贸易保护的海洋中，寻找一个自由贸易的小岛，以便尽可能地享有自由贸易的好处，又避免过分开放的危险。作为一种制度安排，关税同盟就具有这样的功能。

关税同盟的特点是，各成员国之间取消一切贸易限制，允许同盟内部开展自由贸易，对同盟以外的其他国家，则使用一个共同的关税或限额。历史上比较著名的关税同盟有两个：1789年，美国宪法规定，取消13个州各自的关税，形成了统一的关税同盟。1834年建立的德意志各邦之间的关税同盟，为1870年俾斯麦统一德国奠定了基础。东非共同市场是近期建立的关税同盟。目前的东南亚国家联盟，只是对成员国之间的贸易有一些互惠安排，对内还没有完全实现自由贸易，对外也没有使用共同关

税，是一种比较松散和低级的一体化形式，称不上是个关税同盟，只能算是个特惠贸易区。欧洲经济共同体则超越了关税同盟的阶段，除了包括关税同盟的内容外，还允许生产要素自由流动，各成员国在某些经济和社会政策方面相互协调，因此属于一个经济同盟。

关于关税同盟的理论，最早可以追溯到德国经济学家、历史学派的先驱李斯特的贸易思想，这些思想曾经为德意志各邦统一关税，实现政治统一，最后走上富民强国之路起到重要的作用。第二次世界大战以后，世界地区经济一体化的浪潮此起彼伏。在这些新的情况下，关税同盟理论日臻完善，逐步成型。一般认为，关税同盟具有贸易创造效果，同盟内部实现贸易自由化以后，可以加深专业化分工，本国一些没有优势的产品，被成员国成本更低的产品所取代，从而可以将生产要素配置到效率较高的部门，提高资源的使用效率；同时本国居民可以用更低的价格，买到同样的产品，这就等于提高了国民福利。对出口国来讲，则有机会扩大产出，增加收入。社会化大生产具有规模节约的特点，即在一个很大的产量范围之内，随着产出的增加，单位产品的生产成本会趋于下降，从而赢得贸易优势。规模节约跟市场容量有很大的关系，如果一个国家有着广阔的国内市场，它的制造业就有条件进行大规模生产，其产品在国际市场上就具有竞争能力。从这个意义上讲，关税同盟取消了成员国之间的贸易限制，实现了自由贸易，也就是扩大了市场容量，可以使各国都能享有规模节约的好处，对外取得贸易优势。1950 年美国经济学家维纳出版了《关税同盟问题》一书，其中有一个重要的观点：关税同盟的效益，取决于成员国的构成。这里所说的构成是指成员国产品的重叠程度，在成立同盟之前，产品系列比较相同的国家，称为相互竞争的国家，产品系列很不相同的国家，称为相互补充的国家。一般的情况是，相互补充的国家对非竞争性产品的关税比较低，而相互竞争的国家之间关税比较高，因此，由相互竞争的国家所建立的关税同盟，其经济效益将更为显著。

维纳认为，关税同盟不仅有贸易创造效果，而且有贸易转移效果。所谓贸易转移是指，关税同盟成立以后，对内实行自由贸易，对外统一征收关税，这无疑是对非成员国的贸易歧视，原先从非成员国进口的产品，可能会由成员国成本更高的产品所取代，从而造成一定的损失。我们不妨举个例子来说明这个问题，假如日本原来从澳大利亚进口羊毛，后来日本和新西兰成立了关税同盟，尽管新西兰的羊毛价格比澳大利亚高，但由于同盟内部取消了关税，相比之下，澳大利亚羊毛的含税价格可能变得比新西兰高，于是，日本与澳大利亚羊毛的贸易渠道中断，转而从新西兰进口羊毛。从全世界的范围看，羊毛的生产效率降了，这就是贸易转移的损失。关税同盟的经济效益，就是贸易创造带来的利益，减去贸易转移的损失，是两种效果之间的差额。

幼稚工业保护论

●落后国家的工业很多都是幼稚工业，经不起先进国家廉价商品的冲击；只有对其加以保护，才能促进它们的成熟，去参与国际市场的激烈竞争。

当英国工业化的车轮滚滚向前时，德国仍然是个农业国家，停留在中世纪田园生活的时代。在这个国家，政治家和有识之士的最大愿望就是，使德国进入工业国家的行列，能与英国分庭抗礼。他们迫切地感到，德国必须有自己的经济学，没有别的理由，只因德国是个后进的国家，因此德国的经济学必须是后进国家的经济学。于是，一个有名的贸易理论——幼稚工业保护论便应运而生了，弗里德里希·李斯特成为其当然的代表人物。

在政治经济学方面，李斯特是亚当·斯密的批判者，不过，李斯特对抽象枯燥的纯理论并不感兴趣，他的大部分精力都集中在经济政策上，尤其是外贸政策的一些问题。李斯特认为，斯密和李嘉图自由贸易的主张，代表着英国有产阶级的利益，他们不仅要求在国内，而且在国际上也开展自由竞争，这有利于英国发财致富，却会牺牲落后国家的经济发展。他指出："在这种情况（自由贸易）下，整个英国就会发展成一个庞大的工业城市。……最上等的美酒就得供应英国，只有最下等的劣酒才能留给自己，法国至多只能干些小型女帽业那样的营生。德国看来对英国世界没有什么别的可以贡献，只有一些儿童玩具、木制钟、哲学书籍等。或者可以有一支补充队伍，他们为了替英国人服务，扩大英国的工商优势，传播英国文化，牺牲自己，长途跋涉到亚洲或非洲的沙漠地带，就在那里沦落一生。”李斯特为德意志民族发出抗议的呼声：“德国人为英国砍伐木材、生产扫帚和牧羊已经够久了。”

1841 年，李斯特出版了他一生最重要的著作——《政治经济学的国民经济体系》。该书着重分析了德国的历史和现实，比较系统地阐述了贸易保护的思想。作为贸易保护的立论基础，李斯特首先提出了经济发展阶段说，将人类社会的发展阶段区分为五个时期，即未开化时期、畜牧时期、农业时期、农工时期和农工商时期。不同的时期，应当采取不同的贸易政策。头三个时期属于贸易政策的第一阶段，“对比较先进的国家实行自由贸易，以此为手段，使自己脱离未开化状态，在农业上求得发展；第二阶段是，用商业限制政策，促进和保护工业、渔业、海运事业和国外贸易的发展；最后一个阶段是，当财富和力量已经达到了最高度以后，再行逐步恢复自由贸易原则，在国内外市场进行无限制的竞争，使从事农工商业的人们在精神上不致松懈，并且可以鼓励他们不断努力去保护既得的优势地位。我们看到处于第一阶段的是西班牙、葡萄牙和那不勒斯王国；处于第二阶段的是德国和美国；法国显然是紧紧地靠在最后一个阶段的边缘，但在目前只有英国是实际达到了最后阶段的国家”。

按照斯密等古典经济学家的贸易理论，国际贸易对参与双方都有好处，如果一种商品，在别国的生产费用较低，就毋须在本国生产，因为花钱向别国购买更为合算和有利。李斯特反对这种说法，他认为，经济落后国家参与国际分工和交换的目的是发展本国的生产力，这是最根本的。古

典贸易理论只是强调落后国家可以花钱买到更便宜的商品，只是着眼于眼前使用价值的增加，而没有考虑到一个国家，尤其是经济落后国家生产力的进步。他说，财富和财富的生产力完全不是一回事，“财富的生产力比之财富本身，不晓得要重要多少倍，它不但可以使已有的和已经增加的财富获得保障，而且可以使已经消失的财富获得补偿”。财富就好比果实，而生产力却是果树，财富是生产力的结果，惟有生产力才是财富的源泉。向别国购买廉价商品，虽然从表面上看要合算一些，但是这样做的结果，德国等落后国家的生产力就不能获得发展，德国将永远处于落后和从属于外国的地位。而保护性关税，起初虽然会使工业品的价格提高，但经过一定阶段，生产力提高了，商品价格和生产费用就会跌落下来，甚至会跌到外国商品以下。因此，“保护性关税如果会使价值有所牺牲的话，它却使生产力有了增长，足以抵偿损失而有余”。这就是说，为了生产力的发展，即使暂时牺牲一些使用价值，也是值得的。

李斯特认为，一个国家所具有的一切生产力中，没有一种比得上工业。在他看来，工业是资本和劳动岗位的创造者，一个国家，如果只从事农业生产，就好比一个人只用一只手进行工作。“一个国家所经营的假使仅仅是原始状态的农业，在那里普遍存在的现象必然是感觉迟钝，笨手笨脚，对于旧有的观念、风俗、习惯、方式方法顽固不化，缺乏文化、繁荣和自由。”工业比农业能更好地利用国家的物质资源，水利、风力、矿产和燃料都能得到更好的节约。工业能有力地促进农业的发展，因为从农产品需求的增加中，农场主可以获得较高的地租和利润，甚至比工厂主的收入更为丰厚。但在自由竞争的条件下，一个落后国家如果没有保护，要想成为新兴的工业国家是不可能的。因为这些国家的工业很多都是幼稚工业，还没有走向成熟，羽翼未丰，经不起先进国家廉价商品的冲击。只有对其中一些有前途的工业进行保护，才能使它们尽快地成熟起来，参与国际市场的激烈竞争，带动整个国家经济的发展。这就好比一只雏鹰，必须经过精心的哺育，才能展翅高飞，搏击风雨。

李斯特是位可敬的爱国者，他虽然屡遭当局迫害，以至于国内无容身之地，被迫流亡他乡，但他一生都在思念祖国，思念那块四分五裂、贫穷落后的土地，并为祖国的强盛奔走呼号。后来在他的贸易理论的指导下，德国最终实现了工业化，跃进世界发达国家的行列。但令人遗憾的是，李斯特并没有看到这一天，由于极度的绝望和贫病交加，他留下幼稚工业保护论这个当时为大多数人所误解的理论，以及他催人泪下的爱国故事，于1846年冬天开枪自杀了。

发动机还是绊脚石

● 主张保护贸易的阿根廷经济学家和政治活动家普莱维什在他的“中心—外围论”中提出，在传统的国际经贸关系中，发达国家居于中心地位，占有国际贸易的大部分利益，而广大发展中国家得到的好处很少。

长期居于主导地位的传统贸易理论，认为国际贸易能给参加国带来利益，增进各国经济的发展，主张自由贸易，反对贸易保护。另一派则是传统贸易理论的反对派，认为国际贸易大大有利于发达国家，而发展中国家得到的利益很少，甚至会带来负面影响，不仅没有成为推动其经济增长的发动机，反而成了阻碍其发展的绊脚石，所以主张保护贸易。普莱维什的“中心—外围论”就是其中比较有影响的理论之一。

普莱维什是阿根廷经济学家和政治活动家，他除担任过本国经济部门的要职外，还曾长期在联合国主管拉丁美洲经济事务。1950 年出版的《拉丁美洲经济发展及其主要问题》一书，就是他担任联合国拉丁美洲经济委员会秘书长时撰写的报告。在这个报告中，普莱维什站在发展中国家的立场上，通过对国际贸易格局进行结构性分析，得出一个著名的结

论——“中心—外围论”。其核心内容是，国际经济体系在结构上分为两部分：一部分是工业国，它们在国际贸易格局中居于主导地位，是中心；而另一部分则是广大发展中国家，它们主要从事初级产品生产和交换，是被工业中心所控制的外围地带。多年来所谓的经济发展主要是工业中心的发展，而外围地带的广大发展中国家并没有多大进步，它们对工业中心只起从属作用，为工业中心的发展服务。在这种国际经贸关系下，国际贸易的利益主要被中心国所享有，而外围国家并没有得到多少好处。简单地说，就是中心“吃肉”，外围“喝汤”。

在提交给联合国的上述报告中，普莱维什利用英国60多年的进出口统计资料，推算了初级产品和工业制成品的价格指数之比，由于发展中国家的贸易格局主要是出口初级产品而进口制成品，因此这个比值可以看做是外围国家的出口品与进口品的价格之比，即它们的贸易条件。计算结果表明，截至1938年，外围国家的贸易条件已经下降了36%。这说明，相对于工业制成品而言，初级产品的价格下降了很多，一定量的初级产品，在19世纪70年代所能购买的制成品，到了20世纪30年代，只能买到其中的64%。普莱维什据此得出结论，外围国家的贸易条件长期地恶化了，它们的产品出口换回的进口品越来越少，在国际贸易中失去了很多的利益。不发达国家之所失，正是发达国家之所得，结果是中心国家越来越富，将发展中国家甩得越来越远。

按照传统的贸易理论，外围国家参加中心工业国的国际分工体系，进行专业化生产，可以提高劳动生产率，扩大产出，使初级产品的出口分享国际分工的利益。这样，外围国家就没有必要进行工业化。但普莱维什的分析表明，在“中心—外围”这样一种国际贸易的二元结构中，国际贸易只使中心国家获利，而使外围国家受损，在这种情况下，外围国家的出路只能是实现本国的工业化。外围国家应该改变过去那种把全部资源都用于初级产品的生产和出口的做法，转而将经济发展目标确定为充分利用本国资源，努力发展本国的工业部门，使工业水平向现代化迈进。他根据拉丁美洲各国的实际情况，提出进口替代型工业发展战略，即发展本国产品，限制工业品的进口，使工业品逐步达到自给自足，改变依靠中心国进口的局面。

后来，随着世界经济形势的变化和拉美国家经济发展的实际，普莱维什又进一步提出了出口替代战略，即大力发展本国工业品的出口，改变出口产品的结构，由以初级产品的出口为主，改变为出口工业品为主。这样，外围国家的工业品不仅可以满足本国的需要，而且可以向中心国家出口，使自己的工业更趋成熟。

20 世纪 60 年代以后，世界工业品市场竞争激烈，中心国家在世界市场上的垄断地位更加明显，国际贸易利益的分配对外围国家更为不利。在这种情况下，普莱维什提出建立区域性共同市场的主张，指出外围国家应该联合起来，进行区域性合作，以便互相提供市场，促进发展中国家的经济增长。后来，南美洲的阿根廷、巴西、玻利维亚、智利、哥伦比亚、厄瓜多尔、墨西哥、乌拉圭、秘鲁、巴拉圭和委内瑞拉等国成立了拉丁美洲自由贸易协会。这个协会中的玻利维亚、智利、哥伦比亚、厄瓜多尔、秘鲁和委内瑞拉六国又建立了较小范围的安第斯条约组织。中美洲的危地马拉、萨尔瓦多、洪都拉斯、尼加拉瓜和哥斯达黎加五国组成中美洲共同市场。这些一体化组织对于参加国扩大产品销售市场、加强自身的经济实力、抵制其他国家进口产品的竞争，起到了一定的积极作用。

在贸易政策方面，普莱维什主张外围国家实行贸易保护政策，以便发展本国工业。他认为，外围国家的保护政策与中心国家有所不同，前者是为了发展本国工业，这有利于世界经济的协调和全面增长；而中心国家的保护政策是对外围国家的歧视和遏制，不但对外围国家不利，对整个世界

经济的发展也是有害的。因此他呼吁，发达国家应放宽对外围国家的贸易限制，减少对外围国家的贸易歧视，为外围国家的工业品进入世界市场，提供平等竞争的机会。

普莱维什的中心—外围论，以及他关于外围国家贸易发展战略的建议，对拉丁美洲和外围国家都具有直接的指导和借鉴作用。他的理论观点和政策主张，为战后发展中国家的经济增长作出了重大贡献。因此，1981年，普莱维什获得了“第三世界基金奖”。

国际金融理论

货币何以走出国门

谁为货币定价

变幻难测的汇率魔方

国际投机者的“滑铁卢”

世界经济的“配电站”

国家的账单：国际收支平衡表

特里芬难题

货币何以走出国门

●本币走出国门，最终取决于本国的经济实力，具体地说，应包括庞大的经济总量、与世界各国密切的贸易联系以及拥有高度发达的资本市场。

世界各国都有自己的货币，这些货币在本国国内流通，是有法律保障的，无论是在繁华的都市，还是在偏僻的边陲小镇，都可以畅通无阻地使用。但是，一旦越出国境，大多数本国货币就会失去往日的威风，蜕变成印着阿拉伯数字的精美纸片。只有美元、日元、欧元等为数不多的几种货币，最终被世界各国普遍接受，可以在国际市场上计价和结算，我们称之为国际货币。

使本国货币成为国际货币，是许多国家梦寐以求的目标，一旦这一目标得以实现，货币发行国就可以从中获得巨大的利益。我们知道，对当今任何一个主权国家来说，私人造币是绝对禁止的，因为谁有权发行货币，谁就可以得到丰厚的“造币收入”。所谓“造币收入”是指纸币的票面价值和印制成本之间的差额，比如一张钞票的面额是100美元，而它的印刷成本只有20美元，那么，这张钞票的造币收入便是80美元。如果你有权得到造币收入，你就可以“点纸成金”，这将意味着对别人劳动的不平等占有。然而，这种不平等的现象，在国际上却司空见惯地存在着，无论哪一个国家，只要它的货币成了国际货币，可以用于国际支付，该国就可以成为世界经济的“造币者”，名正言顺地享有造币的特权。此时只要它开动一下印钞机，其他国家辛辛苦苦生产的产品，就可以归到它的名下。这很像一个乞丐拿着一堆纸条到商店购物，付款的时候，只需在纸条上写几个阿拉伯数字，交给售货员，他就可以扬长而去，是件何等便宜的美事！另外，世界各国都储备外汇，目的是防止出现意外事件，以便用于应急支付。这笔外汇存在哪里？当然不可能存入本国的国库，这就像一个企业，它不会将所有的资金都存入自己的保险柜，因为这样既没有利息收入，也不利于对外支付，因此储备的大部分要存入国际货币发行国的银行。这样，其他国家省吃俭用节约下来的外汇，没有用于国内的经济建设，却为货币发行国的经济发展提供了充足的资金来源。还有，在当今的世界上，绝大多数跨越国境的货币收支，如国际贸易中的货款结算，国际金融市场上的资金借贷和本息偿还，跨国公司的利润汇出等等，都是用国际货币来进行。这就使国际货币成为一种非常紧俏的资源，而要得到这种资源，必须与国际货币的发行国发展贸易往来，进行多方面的合作。因此，本国货币的国际化，有利于加强发行国的贸易地位，提高它在国际舞台上的影响力，包括经济上的和政治上的。

看来，努力使本国货币成为国际货币，既可以获得巨大的经济利益，又可以增强自己在国际事物中的影响力和发言权，的确是一件名利双收的好事。不过，本国货币走出国门，绝非轻而易举，它最终要取决于本国的经济实力，具体地说，至少应包括以下几个方面的因素：

一是庞大的经济总量。本币走出国门以后，将被世界各国所持有，因而形成对本国产品和劳务的潜在需求。这种需求独立于国内经济政策的引导范围之外，是很不稳定的，如果不以庞大的经济总量作支撑，需求的不稳定很容易演化为对国内市场的冲击，进而影响货币发行国宏观经济的稳定。这就好比一棵小树，一有微风吹来，便左右摇摆，但对一棵参天大树而言，即使狂风大作，也会岿然不动。

二是与世界各国密切的贸易联系。国际货币发行国的生产效率，必须居于世界领先地位，只有这样，其他国家才愿意进口其先进技术和设备，进而愿意接受该国的货币，并形成一个相对稳定的贸易群体，群体内部才可能将该国货币用于计价和结算。如果缺乏与世界各国广泛而密切的贸易联系，本币“养在深闺人不识”，要走出国门，成为国际货币，也就成了一句空话。

三是有高度发达的资本市场。作为本币国际化的先决条件，货币发行国必须有一个高效率的资本市场，目的是为其他国家获得本币、用于国际支付提供便利。从国际经验看，世界三大主要的国际金融中心——伦敦、纽约和东京，都是与英镑、美元及日元作为国际货币的职能密不可分的。当然，一个对外开放的资本市场，无疑会增加本国执行货币政策的难度，这就需要有完善的金融监控手段和强有力的货币调控工具，能够应付各种金融震荡和冲击。

回顾一下历史，我们对以上论点的认识将更为清晰。19 世纪 30 年代，英国率先完成了工业革命，经济实力大为增强。依靠着它“世界工厂”的经济地位，英国人对外大肆扩张，“日不落帝国”的旗帜插遍了中国、印度和美洲，整个世界都变成了它的原料产地和产品倾销市场，亚洲的茶叶、非洲的黑奴、美洲的种植园，无不在殖民者庞大的国际贸易网中。于是，伦敦成了世界的金融中心，英镑在世界范围内获得了广泛的使用。当时的国际贸易，有 90% 使用英镑结算，许多国家将黄金变卖成英镑，存入伦敦的银行。这样，英镑便成了独一无二的国际货币。

第二次世界大战摧毁了英国人的梦想，却没有妨碍美国人发财致富。到战争结束时，美国的对外贸易额占整个世界的 30%，工业制成品占整个世界的一半以上，并且拥有价值 250 多亿美元的黄金，约为世界黄金储量

的75%。于是美国爬上了世界经济霸主的地位，开始了美元统治世界的时代。在以后的30多年里，美元等同于黄金，其他国家的货币，只有通过美元，才能与黄金挂钩，美元成了居于中心地位的国际货币，独霸整个世界，没有哪一种货币可与之抗衡。

不过，“盛极而衰”的公理同样没有放过美元，从20世纪70年代开始，美元的霸主地位受到挑战，随着欧洲的复兴和日本的崛起，形成了目前美元、日元和欧元三分天下的局面。这种局面的出现又一次说明，一部国际货币更迭的历史，就是各国经济实力对比变化的历史。

谁为货币定价

●货币的价格即汇率的确定，取决于两种兑换货币的购买力之比。影响汇率的因素很多，有供求关系、国际金融投机、货币当局的干预等。

我们经常遇到货币为商品定价的情况，比如说一台电脑的价格是5000元，一辆汽车值10万元，在这里，货币是一种定价的手段，用专业术语来说，是价值的尺度。难道作为价值的尺度，货币本身也有价格，也需要定价吗？是的，在国与国之间的货币收支中，这种情况经常出现。

我们知道，对任何一个主权国家而言，外币是禁止流通的。这就是说，像美元这样的国际货币，尽管可以在国家之间流通，但在美国之外的其他国家内部，美元不能直接用来购物。因此，在国际货币收支的过程中，经常要遇到货币兑换的问题。比如日本从美国波音公司进口飞机，如果用日元支付货款，波音公司就得将日元兑换成美元，才能在国内当作资金使用；反之，如果用美元来付款，日本的付款人就必须先把手中的日元，兑换成美元；如果用第三国货币，比如用英镑来结算，则交易双方都得将本国货币与英镑进行兑换。在兑换的过程中，必须确定不同货币之间的兑换比率，经济学上称之为汇率。汇率也可以看做是用一种货币表示的

另一种货币的价格，比如说人民币对美元的汇率是6.5∶1，实际上也就是说，你要买入1美元，必须支付6.5元人民币。看来，货币也是有价格的。

那么，货币的价格，即汇率是如何确定的呢？这是目前国际金融理论的核心问题之一。不过，就在第一次世界大战爆发以前，汇率的确定还不能成其为问题。那时的货币都规定黄金含量，持有货币可以自由兑换黄金。两国货币的汇率，就是货币的含金量之比，即铸币平价。比如当时1英镑含黄金113.0格令，1美元含黄金23.3格令，两国货币的铸币平价就是4.9，因而英镑对美元的汇率就应该是1∶4.9。当然受市场行情的变化，汇率也会有所波动，但由于有黄金含量作保证，汇率波动的幅度是很小的，因而这个时候的汇率，被称为固定汇率。

第一次世界大战期间，各国为了应付军费开支，大量地发行纸币，致使纸币的含金量无法保证，于是，纸币不兑换黄金，铸币平价也就失去了作用。从此以后，汇率决定成了国际金融理论的核心。1922年，瑞典学者卡塞尔出版了《1914年以后的货币和外汇》一书，提出了他著名的购买力平价理论。该理论认为，两种货币的汇率，取决于这两种货币的购买力之比，汇率的变动也决定于两国货币购买力的变动。比如一个同样的汉堡包，在美国花1美元可以买到，而在日本则需花150日元，那么，我们就可以认为，1美元相当于150日元，美元对日元的汇率是1∶150；如果由于某种原因，汉堡包的价格上升到了200日元，美元对日元的汇率则为1∶200，这时我们就说，日元贬值了，或者说美元相对于日元升值了；反之，如果汉堡包的价格上升到了1.5美元，而日本的售价仍为150日元，就说明日元升值了，美元对日元的汇率变为1∶100。当然，卡塞尔所说的货币的购买力，不只表现在汉堡包这一种商品上，而是就国内所有商品的平均水平而言的。因此，如果一个国家发生了通货膨胀，物价水平出现了普遍的上涨，那么，和以前相比，等额货币的购买力无疑是下降了，这时，该国货币就会贬值。

购买力平价理论可以解决长期汇率的确定问题，但却对说明汇率的短期波动无能为力。实际上，对于每天都在变动的汇率，一种最简单的解释就是：供求规律作用的结果。如果外币供给增加，会压低用本币表示的外币的价格，从而使外币贬值，本币升值；反之，外币供给减少，则会造成外币升值、本币贬值的局面。

影响货币供求关系的因素很多，其中贸易收支和利率变动是最基本的，尤其是利率变动，最近比以往更受人们的重视。与价格变动会影响商品的流动一样，利率作为金融资产的"价格"，它的变动会影响资金的流动。如果一国的利率水平相对于他国提高，就会刺激国外资金流入，抑制本国资金流出，从而使外汇供给增加，本币汇率上升。反之，则致使本国汇率下跌。因此，要预测汇率的变动，分析各国金融政策的取向是必不可少的。如果有一天早上醒来，美联储主席担心美国的通货膨胀会有所抬头，因而提高了银行的利率，美元汇率就会与利率作同向变动，表现为升值。这就是说，即使通货膨胀在长期中会使汇率下跌，但从短期看，利率提高反而会造成货币升值的压力。

1997 年东南亚爆发的金融危机，给了我们一个教益：国际金融投机也是影响汇率变动的一个重要因素。在当今的国际金融市场上，有一笔专门以投机为目的的短期资金，叫做游资，或者说"热线"，它们的数额很大。游资对各国政治、经济、军事等因素十分敏感，一有风吹草动，就到处乱蹿，或为保值，或为攫取高额投机利润，常常给外汇市场造成很大冲击，引起汇率剧烈波动。

汇率波动对经济的影响是很大的。因此，当今世界上的大多数国家，都要对汇率的波动进行干预，这虽然无法从根本上改变汇率的长期走势，

但在短期内，将对汇率的走向有所影响。比如由于某种原因，出现了外币升值、本币贬值，出于某种经济政策的需要，货币当局如果抛售外币，收回本币，就会抵消市场因素的作用，将汇率调节到一个合适的水平。第二次世界大战之后，各国货币当局就是用这种办法，将固定汇率维持了 25 年之久。这足以说明，货币当局的干预，也是影响汇率变动的重要因素。

变幻难测的汇率魔方

●在现代社会中，汇率变动的影响是如此广泛，令人眼花缭乱、目不暇接，以至于有些人称它是一个变幻难测的魔方。

1985年9月，美国财长詹姆斯·贝克邀请英、德、日、法四国财长到纽约广场饭店开会，史称“广场会议”，会议的中心议题之一，就是要敦促日元升值。虽然经过一番舌剑唇枪，最终达成了协议，但日本人的不满之情也为世界所共知。对于日元升值，美国政府为什么如此热心，而日本政府为什么又如此勉强呢？这是因为汇率变动影响贸易收支。20世纪60年代以来，日本始终保持对美贸易的巨额顺差，致使美国对外贸易30年来连续赤字，而且赤字额逐年扩大，压得美国翻不过身，喘不过气。于是美国政府就摆了一场“鸿门宴”，请日本财长到纽约开会，目的是敦促日元升值，因为日元对美元升值以后，可以抑制日本向美国出口，刺激日本从美国进口，从而减少日本的贸易盈余，改善美国的贸易收支。比如说，一个茶杯在日本国内卖200日元，如果美元对日元的汇率是1∶200，这个茶杯在美国的售价就是1美元，但如果日元升值到1∶100的程度，这个茶杯出口到美国就得卖2美元。售价提高了，日本茶杯的竞争力就会减弱，从而达到抑制日本出口的目的。与此同时，日元升值以后，原来在美国卖1美元的产品，在日本的售价却由200日元降为100日元，从而会刺激日本商人从美国进口产品。这样一方面是日本对美出口减少，另一方面是从美进口增加，两方面作用的结果，必然会减少美国的贸易赤字，改善美国的贸易收支。

广场会议之后，日元对美元的汇率的确上升了。然而，按下葫芦起来瓢，随着日元的升值，日资又大举进军美国市场，到1990年，直接投资总额超过了200亿美元。当纽约的洛克菲勒中心被日本买下时，美国人才恍然大悟，惊呼“我们将变成日本的经济殖民地”。那么，为什么日元升值会促进日本对外投资呢？原因主要有两个：一是日元升值以后，日本企业产品出口受阻，它们必须绕过出口，寻找新的投资机会，发展对外投资就是一个比较好的途径；二是日元升值以后，1日元可以兑换的美元比以前多了，因而可以用较少的资金，搞较大的对外投资。比如一个项目，需要10万美元的资金，如果1美元可以兑换200日元，日本企业就得投入2000万日元，但如果日元汇率上升到1美元兑100日元，同样是这个投资项目，则只需要投入1000万日元。当然，汇率变动和对外投资的关系，不仅适用于日元，实际上适用于所有货币。

1994年，人民币曾经大幅度对外贬值，由原来的1美元兑换5.6元人民币，降为1美元兑换8.7元人民币。当时很多人担心，这会加剧国内业已存在的通货膨胀，这种担心的依据是什么？我们得研究一下汇率变动对物价的影响。一般来说，本币升值将拉动物价走低，贬值则会造成通货膨胀的压力。我们已经知道，本币升值会抑制出口，刺激进口，这无疑将增加一国国内的产品供给，引导物价回落。本币升值后，进口原材料的国内售价将更为低廉，从而节约企业的生产开支，当然也会形成价格降低的压力。明白了这个道理之后，照猫画虎，我们自然可以推测出，本币贬值将

造成通货膨胀的压力。不过，经济学中没有机械的定律，以上的结论，仅在汇率缓和波动的情况下成立，一旦像东南亚那样由汇率的狂跌酿成了金融危机，其后果就得另当别论了。据马哈蒂尔宣称，在东南亚金融危机中，马来西亚资本市场被蚕食掉1613亿美元，企业资产损失和人均收入减少10%，这势必会影响企业的投资和个人消费。这样，一方面是货币贬值推动物价上涨，另一方面是投资和消费不足引起物价回落，至于哪方面的因素将最终影响物价的走势，现在我们还不能确定。

对于汇率和股市的关系，我们只能做一个大致的把握。在通常情况下，本币升值，对股票市场是个利好的消息，反之，贬值则是个利空的消息。原因是本币升值以后，国内发生通货膨胀的可能性减小，在金融政策方面，将会出现利率下调的余地，而利率下调将刺激银行资金流入股市，致使行情看涨。例如20世纪80年代中后期，伴随着日元持续升值，东京股市也屡创新高，1986年日经指数还只有1万点，1987年闯过了2万点大关，到1988年达到了3万点，并最终导致了日本的泡沫经济。汇率对股市的影响，有时是通过一些非经济因素起作用，比如说投资者的信心。1997年8月，国际投机资本冲击香港，虽然港币对美元的汇率波动并不大，但恒生指数却一度从16000点跌至9000点，一些中产阶层一夜之间变得一无所有，这与其说是汇率波动的直接后果，不如说是汇率的波动动摇了投资者的信心，并最终引发了股市下跌。

有一个朋友告诉我，开汽车并不难，关键是手和脚要配合好，只有手握住方向盘，脚踏好刹车板，就不会出什么大问题；这些话他曾跟我说过好几遍，但我至今仍不会开车。预测汇率变动的影响也是如此，仅懂得以上几个方面的原理，你还不能包打天下。但我可以肯定地说，在你的眼里，汇率这个魔方已经不再那么变幻难测了。

国际投机者的“滑铁卢”

●港币与美元之间的联系汇率，具有一种内在的稳定机制，同时也使香港积累了大量的外汇储备，实践证明，这种汇率安排具有充分的有效性和承受力。

1997年，一场金融风暴席卷整个东南亚，泰国、印尼、马来西亚等国不得不放弃多年来对美元的固定比价，转而实行浮动汇率制。顷刻之间，泰铢贬值，马币狂跌，印尼盾丧失了三分之一的购买力。东南亚各国损失惨重，亿万资财化为乌有，外汇储备劫掠一空。然而，任凭风吹浪打，港元却能一枝独秀、固若金汤；投机者多次发难，但都铩羽而归，无怪乎一些国外媒体声称：“香港是国际投机者的滑铁卢。”

东南亚金融危机肇始于泰国。1997年7月2日，泰国中央银行宣布无力维护固定汇率，任由泰铢自由浮动，当天泰铢对美元的汇率便应声下跌20%，由此引发的金融危机像台风一样席卷整个东南亚，先后袭击了菲律宾、马来西亚和印度尼西亚，整个世界都为之震撼。在这场金融危机中，国际投机资本起着推波助澜的作用。为此，马来西亚总理马哈蒂尔曾厉声谴责美国金融专家索罗斯，称他是导致东南亚金融危机的罪魁祸首，要追究他“恶意”投机的法律责任。现在的问题是，东南亚各国的汇率为什么如此脆弱，一经冲击就全线崩溃呢？危机发生前的几年间，泰、印、马、菲各国出口竞争力不断下降，对外贸易持续逆差，本币始终处于高估状态，货币当局一直用人为干预的方法来维持与美元的固定比价。这无疑给国际投机者一个可乘之机，正如索罗斯所言：“在市场中留有投机空间是政府的错误。”他们“高卖低买”，首先从东南亚各国银行大量地贷出该国货币，在外汇市场上恶意抛售，兑换美元，致使该国货币狂跌；然后再以较低的价格购回，除归还银行贷款和利息外，还可以获得巨额利润。以泰国为例，东南亚金融危机使泰铢对美元的汇率由 1∶24 跌至 1∶36，当初借入 3600 泰铢，可以兑换 150 美元，货币贬值后，只要拿出 100 美元换成泰铢，就可以偿还所有贷款，其中 50 美元的差额，就是投机的利润。针对以上投机活动，各国中央银行也曾入市干预，大量抛售美元，以期稳定汇率，但最终没能阻止危机的爆发。依照常理，中央银行是国家的钱庄，银行的银行，有国家作后盾，其财力必然十分雄厚，个别投机者与其叫板，岂不是蚍蜉撼树。实际上并非如此。在全球化的趋势下，世界各地的投机资金已经连成一气，规模非常之大；它们不受时间和地域的限制，随时可以流到每一个自由市场上去，大军掩杀过去，往往令中央银行招架不住。在外汇市场上，如果说投机者的作用只是突破一点，推动全线，那么大大小小的国内外民众，则是“墙倒众人推”，一旦他们的信心动摇，就争相抛售本国货币，或在股票市场上套现，然后加入抛售的行列。面对着来自四面八方的进攻，中央银行如果拿外汇储备去硬拼，偶尔为之还可以，时间长了，必然要把国力耗尽，最终还是得挂出白旗。难怪马来西亚副总理安华说：“政府在捍卫货币方面所能做的事情毕竟有限。”

香港经济与东南亚有千丝万缕的联系，它又是国际金融中心，对资本流动没有任何限制，面对着投机资本的巨大冲击，港元能够一枝独秀，始

终维持与美元的固定汇率，的确是个奇迹。这一奇迹的出现，跟许多因素有关，其中，香港特有的汇率安排——联系汇率制功不可没。联系汇率制开始于1983年10月，当时受中、英政府关于香港问题谈判受挫的影响，香港出现了大量抛售港元，收购美元的现象。为了挽救港元，港府宣布港元直接与美元挂钩，实行1美元兑换7.8港元的联系汇率。其主要内容是：从1983年10月17日起，发钞银行增发港元现钞，必须缴纳百分之百的外汇准备，即按1∶7.8的固定比例，向外汇基金缴纳美元；现钞回流后，可按相同的比例，从外汇基金将美元赎回。

联系汇率使香港这个只有600多万人口的弹丸之地，拥有近900多亿美元的外汇储备，储备量居世界第三位，仅次于日本和中国内地。如此雄厚的储备，不仅有利于维护民众对港元的信心，而且对投机者也是一个巨大的威慑。迄今为止的历次金融风暴，有关国家的货币之所以受到狙击而大幅度贬值，一个重要的原因就是，外汇储备不足，面对国际炒家的恶意抛售，拿不出真金白银的实力，与投机者周旋到底，只好眼睁睁看着本币汇率被冲垮，一路狂跌而去。东南亚各国货币失守以后，投机资本也曾发难香港，但由于香港储备雄厚，投机者一有动作，特区政府就明察秋毫，快速反击，抛出美元，保护港汇，多次令投机者亏蚀而去。香港金融管理局总裁任志刚因此得名“任一招”，对此，任志刚则回答：“捍卫港汇，一招足够。”

联系汇率本身是一种固定汇率，但它与东南亚各国所实行的固定汇率有本质的区别，主要是在它的内部，有两个自动平衡的机制：一是港元受到冲击和有资本外逃，将会使外汇（主要是美元）减少，发钞行就得向外汇基金交回港币，赎出美元，这将减少港币的供应量，改变港币和美元之间的对比关系，最终达到稳定汇率的目的。这一机制是自动的、持续的，与官方的任何干预无关。二是发钞行向外汇基金的套汇活动，将使港币对

美元的汇率自动维持在1∶7.8的水平上，如果偏离了这一水平，比如说达到7.9，发钞银行就会采取套汇行动，按照1∶7.8的比例，从外汇基金赎回美元，然后在外汇市场上按照7.9的汇率卖出，以便从中牟利，这将缓解投机者抛售港元的压力，维护港汇的稳定。

实行联系汇率以来，香港金融业先后经历了多次严峻的考验，如1987年的全球股灾，1990年的海湾战争，1992年英镑和意大利里拉的狂跌，1995年初墨西哥的金融危机；在东南亚金融危机中，又一次击退金融大鳄，使投机港元的庄家连连受挫。实践已经证明，联系汇率具有充分的有效性和承受力。就连在国际金融市场上翻手为云、覆手为雨的索罗斯都承认："港元和美元之间的联系汇率不会被强制性地调低。"不管什么人想狙击港元，"都不会发财的"。

世界经济的“配电站”

> ●国际金融市场承担着各国货币的兑换功能，在全球范围内调剂资金的余缺，联通着世界的每一个角落，为国际贸易和国际投资提供高效率的服务。

电与我们的生活息息相关，但在电的传输过程中，配电站是非常重要的一环。低压电传输的距离很近，为了把电力从发电厂输送到遥远的地方，只能将电压升高，上万伏的电力无法驱动电灯和机床，又得把电压降低。这就需要配电站来唱主角，把电压的波动整平，把符合标准的电流供给工厂和家庭，将一路高压电变换成千百路低压电，输送到城市的每一个角落。

世间万物总是有着惊人的相似，对世界经济来说，国际金融市场就充当着“配电站”的角色，它在整个世界范围内调剂资金的余缺，每天都有上万亿的资金在这个市场上兑换、聚散，联通着世界的每一个角落。哪里的资源配置最有利、成本最低、效率最高，国际资本就流向哪里，就在哪里投资设厂。产品的产地已变得没有意义。一辆汽车，可能是在德国设计，在韩国生产轮胎，在加拿大制造发动机，在美国装配成型。这里根本不存在国界问题，哪怕是遍及全球的投资，只要有合适的利润，一切都不

在话下。在当今的国际金融市场上，你随时可以把手中的美元抛出，兑换成马克、英镑、日元、瑞士法郎，或者你所需要的任何一个币种。只要资信度良好，你可以瞬间筹集巨额资金，用于对外支付货款。高效率的电子化交易，24 小时不间断的营业，使全球范围内的资金划拨，顷刻间就能完成。层出不穷的金融创新，五花八门的金融产品，又为资金借贷者规避风险提供了极大的便利。所有这一切，都是国际金融市场这个“配电站”的功劳。很难想象没有它的发展，国际贸易和国际投资会达到今天的水平。

提到国际金融市场，欧洲货币市场值得多说几句，它是国际金融市场的核心，大规模的货币兑换和资金融通，主要是在这个市场上完成的。欧洲货币市场发端于欧洲美元市场，20 世纪 50 年代初朝鲜战争爆发以后，当时的苏联政府鉴于美国冻结了中国在美的所有资金，便将其美元存款从美国取出，存入伦敦的银行。由于英国经济恢复需要大量的资金，所以求之不得，准许各大银行办理美元存贷业务。于是，欧洲美元市场的雏形就出现了。从 50 年代末开始，美国国际收支逆差扩大，对外负债逐年增加，战后欧洲等地的“美元荒”变成了“美元灾”。在美国境外，主要是欧洲市场积存了大量美元，为欧洲美元市场的形成提供了物质基础。到了 60 年代，美国为了控制资金外流，被迫采取一系列限制措施，与此同时，欧洲却放松了外汇管制，松动银行规则。这一松一紧，不仅使世界各地的借款者涌往欧洲，而且也把美国的大公司驱往欧洲金融市场。顾客到欧洲去了，美国等地的银行也尾随而至，去开设分行，招揽业务，这样就很快形成欧洲货币市场的完整网络。但随着市场规模和经营范围的不断扩大，其名称和含义也在发生变化。在区域概念上，市场范围先由英国的伦敦扩展到欧洲的其他城市，如巴黎、苏黎士、法兰克福等，后来又扩展到欧洲之外的国家，如新加坡、开曼群岛和巴哈马等。在货币概念上，也不只限于美元，而是泛指在发行国境外流通的一切货币。因此，确切地说，欧洲货币市场，实际上是指在货币发行国境外进行该国货币存储和贷放的市场，如纽约的英镑市场、伦敦的美元市场，以及东京的英镑和美元市场等。

欧洲货币市场的突出特点是不受任何国家金融法规的制约，因此存款利率高，贷款利率低，从而可以用高息吸引大量的存款者。世界各大金融机构和大公司、大企业，甚至各国政府，都纷纷将手中的剩余资金存入欧洲货币市场。另一方面，欧洲货币市场的借款成本很低，对贷款需求者具有很大的吸引力，许多官方机构、国家组织、跨国银行和跨国公司等，都是它的客户。这样一来，欧洲货币市场实际上是一个批发市场，交易额一般很大，在整个国际金融市场中占据举足轻重的地位。另外，欧洲货币市场上的金融创新层出不穷，令人目不暇接，这些创新都极大地提高了融资的效率，使得货币的兑换、聚散和流动更为快捷方便。可以说在国际金融市场这个世界经济的“配电站”中，欧洲货币市场的“配电”效率是最高的。当今世界三大国际金融市场，伦敦、纽约和东京，同时又是世界著名的欧洲货币市场，它们分别处于不同的时区，但现代通信设施的发展，遍及全球的电话、电报和计算机网络，将它们联成了一体。伦敦市场每日营业开始，先和东京的尾市衔接，并参照东京确定开盘价格。几个小时后纽约市场开业，伦敦和纽约共同营业的这段时间，国际金融市场的交易达到了高潮。在纽约闭市的前一个小时，东京市场又开始了一天的营业。三大国际金融中心就是这样首尾衔接，你方唱罢我登场，连续 24 小时不间断地提供着汇兑、融资和清算便利，随时满足国际贸易和国际投资的需要。

世间事物都有两面，国际金融市场的发展也不例外。它在充当世界经济的“配电站”，为国际投资和国际贸易提供便利的同时，也产生了一些副作用。主要是巨额国际资本的频繁流动，导致了外汇市场的不稳定，影

响了一些国家国内货币政策的执行，国际金融市场上的货币投机，加剧了世界各国的经济和金融动荡。1992 年英镑和意大利里拉的贬值，1995 年的墨西哥危机，1997 年发生的东南亚金融危机以及 2006 年开始显现的次贷危机等，都是国际金融市场一体化发展负面影响的表现。对于这一点，我们必须给予高度的重视。

国家的账单：国际收支平衡表

●一个国家按照某种特定的格式，将所有的国际经济活动系统地记录下来，形成一个账单，就叫做国际收支平衡表。

一个家庭，一个企业，每年每月都要核算收支，看看收入多少，支出多少。对一个国家来讲，核算收支的必要性依然存在，不过，与任何一个家庭或企业相比，国家的收支记录无疑要复杂得多，需要做一些专门的分类。一类是针对国内的经济活动而言的，另一类则反映与其他国家的经济交往，被称为国际收支。按照一种特定的格式，将所有的国际经济活动记录下来，形成一个账单，就叫做国际收支平衡表。

各国之间在经济、政治、文化等方面的交往，必然产生国家之间的债权债务关系，到期要进行结算，这就引起国家之间的外汇收支。从 17 世纪开始的 200 多年的时间里，人们就是从这个意义上定义国际收支的，把它等同外汇收支。第二次世界大战以后，情况发生了变化。没有外汇收支的交易，如无偿援助、补偿贸易等在国际经济中的重要性大大增强，为了便于一国当局掌握对外经济的全貌，国际收支的概念不再以支付为基础，而是以交易为基础。只要经济活动已经发生，不管付款与否，都计入当年的国际收支；如果实际的经济活动没有发生，即使已经预付了款项，也不能计入当年的国际收支。由此可见，新的国际收支概念，并不是一国实际的外汇支付账目，而是一国经济活动的“统计表”或“系统记录”。用它来表示一国的国际经济交易，严格说来并不贴切。1945 年，当时的国际联盟曾建议改为“国际交易账户”，但由于人们沿用国际收支这一名称已久，国联的建议没有得到采纳。一项经济活动只要发生在本国居民和非居民之间，就可以列入国际收支。但应该注意，居民和公民是两个不同的范畴，公民以国籍为判断依据，居民则以居住地为判断标准。比如外国人创办的企业和团体，只要是在中国开展活动，就应该算中国的居民；在我国逗留 1 年以上的留学生、旅游者，也属我国的居民。但按照国际货币基金组织的规定，官方外交使节、驻外军事人员一律算所在国的非居民，国际性机构如联合国、国际货币基金组织（IMF）、世界银行等则是任何国家的非居民。

国际收支是一个不折不扣的“大杂烩”，从日常的生活用品到导弹、飞机，从生猪、野兔到图书杂志，从有形的产品到无形的技术、劳务，以及资金借贷和本息偿还，只要是涉外的经济活动，都可以装进国际收支平衡表这个“百宝囊”中。与生物界有门、纲、目、科、属、种的划分一样，国际收支平衡表也对各类交易进行了严格而细密的分类，因此，其中的信息虽然很杂，但却“杂而不乱”。按照国际货币基金组织的规定，国际收支平衡表主要由三个项目构成：一是经常项目，包括进出口、各种劳务费、利息股息和利润等，如果你的外国朋友送给你一辆汽车，或者你向国外的慈善机构捐助了一批图书，作为无偿转让的交易，也应计入经常项目。1996 年 12 月，中国人民银行行长戴相龙致函国际货币基金组织主席康得苏，承诺人民币实现经常项目下的自由兑换，实际上就是说，进口国外商品、劳务所需要的外汇，以及支付国外利息、利润和对外无偿转让所

需要的外汇，可以凭人民币到银行自由购买，以上四个项目的外汇收入，可以兑换成人民币在国内使用。二是资本项目，主要包括直接投资和资金借贷，如外商直接投资、我国政府对外提供的贷款等都属于这个项目，按照期限长短来分，则可以分成长期资本和短期资本。第二次世界大战以后，特别是20世纪70年代以来，国际资本流动获得了长足的发展，资本项目已经取代经常项目，成为影响一国国际收支的首要因素。尤其是其中的短期资本，如果引导不好，可能会给国内经济造成很大的冲击。东南亚金融危机的一个深刻的教训就是，在金融监管不力的情况下，盲目放开资本项目，使投机资本的恶意炒做有了可乘之机，致使各国货币大幅度贬值，给国内经济造成了沉重的打击。正因为如此，我国政府一直对放开资本项目持谨慎态度。第三个项目主要是指外汇储备，在国际收支平衡表中，它的作用是抹平经常项目和资本项目的收支差额，因此叫平衡项目。

国际收支平衡表是按照复式记账的原则编制的，每一笔交易都以相等的金额做两笔记录，一笔计作借，表示本国得到了什么东西，比如说进口了国外的商品；一笔计作贷，表示本国付出了什么样的代价，比如说外汇。复式记账的好处是，可以全面、系统地反映经济活动的过程，使有关记录保持平衡关系，便于检查账目是否正确，从而提高会计核算的质量。这种记账方式，最早出现于意大利的米兰，当时米兰的金融业比较发达，金融资本家每获得一笔借款，就记为“借”，每发放一笔贷款，就记为“贷”。后来这两个词便脱离了原来的意思，演化成单纯的记账符号。比如我们向美国出口了一批商品，反映在国际收支平衡表中，一方面是借计资本项目，表示我们得到了美元；另一方面，我们得贷计商品，表示我们付出了商品。如果美国政府赠与我国一批图书，这并不需要支付外汇，但为了满足复式记账的要求，我们就凭空创造一个项目，叫做单方面转移，在借计商品，表示我们得到了图书的同时，将单方面转移记为贷，意思是我们欠了美国的“人情”。这样，由于每一笔交易都有一个借方和贷方，而且两方的金额相等，因此，把所有的交易汇总起来，借方总额就总是等于贷方总额，也就是说，国际收支平衡表在账面上总是平衡的。如果经常项目和资本项目存在收支差额，国际收支平衡表就通过增减外汇储备的方式，将其中的差额抹平，因此，这种账面的平衡，仅是形式上的平衡。

对各国政府而言，它们真正关心的是国际收支是否在实质上平衡，即当年的外汇收入是否等于外汇支出，如果收入大于支出，称为顺差，否则为逆差。不管是顺差还是逆差，如果持续的时间过长，都是有害的。因此，各国政府都把追求国际收支的平衡，与经济增长、充分就业、物价稳定一起，列为宏观调控的四大目标。当出现顺差时，就将汇率升值，扩张国内经济，以增加进口，减少出口；当持续逆差时，就将汇率贬值，收缩国内经济，以增加出口，减少进口。

特里芬难题

● 任何一种主权货币来充当惟一的国际货币，都会遇到信心和清偿力之间的矛盾，即货币供给过少会导致国际清偿能力的不足，而满足清偿力的需要又难以保证币值稳定，损害人们对国际货币的信心。

天才无须制造。当有史以来第一个国际货币制度——布雷顿森林体系刚建立不久，并且正在给世界经济带来繁荣的时候，有人竟神奇地指出了它的先天不足，并预言了它的“死期”，从而给全世界出了一个难题。这个人就是美国耶鲁大学教授、著名国际金融专家特里芬。

第二次世界大战结束时，美国不仅是军事上的战胜国，而且在经济上也以胜利者的姿态崭露头角。当时它拥有250多亿美元的黄金储备，约占世界总量的75%，成为国际上实力最雄厚的经济大国。这样，财大气粗的美国就“挟黄金以令诸侯”，建立一个体现自己意志的货币合作协定——布雷顿森林体系。其核心内容之一就是美国以黄金储备为保证，向世界各国提供美元，由美元来充当惟一的国际货币。美国政府承诺“美元和黄金一样可靠”，各国可以按照1盎司黄金等于35美元的官方价格，随时用美元向美国兑换黄金。

这一揽子货币安排有什么问题呢？让我们先听一段故事：从前有个媳妇，心灵手巧，贤淑能干，深得婆婆的欢心。后来婆婆让她主持家务，负责给全家人煮粥。由于土地贫瘠，每年打的粮食很有限，然而这一家的香火却异常兴旺，年年添丁进口。为了让全家人都吃饱，媳妇只好不断往锅里加水，结果是粥越来越稀，家人的怨气越来越大，最后，婆婆怀疑她把粮食偷着背回了娘家，一气之下，将她赶出了家门。

这个例子可以很好地说明特里芬难题。在布雷顿森林体系中，美国承担着两个基本的职责，一是要保证美元按固定官价兑换黄金，以维持各国对美元的信心；二是要为国际贸易的发展提供足够的国际清偿力，即美元。然而这两个问题，信心和清偿力却是有矛盾的，美元过少会导致清偿力不足，美元过多则会出现信心危机。原因在于，美国要持续不断地向其他国家提供美元，只能让自己的国际收支始终保持赤字，由此留下的“大窟窿”，惟一的填补办法就是开动印钞机，印刷美元现钞。这无异于往锅里加水，结果是美元越来越多；然而另一方面，收支赤字却意味着美国的黄金储备不仅不能增加，反而会由于别国的兑换而减少。这样，一边是美元越来越多，一边是黄金越来越少，势必会造成“粥越来越稀”，美元兑换黄金失去保证，美元出现信心危机。时间一长，布雷顿森林体系自然也就无法维持。

关于清偿力和信心之间的这种两难境地，最早是由特里芬提出的，因此被称为“特里芬难题”。实际上，由任何一种主权货币来充当惟一的国际货币，特里芬难题都是存在的。

事实不幸被特里芬言中。在二战结束后的最初几年里，欧亚各国百废待兴，需要从美国进口商品，但由于缺乏美元，所以形成了“美元荒”。从 20 世纪 50 年代开始，美国的赤字缓解了国际清偿力不足的矛盾，但在

50年代中期之前，美元基本上还是比较紧缺，各国仍然愿意积累美元，没有出现美元的信心问题。1958年以后，“美元荒”变成了“美元灾”，美国持续的收支赤字引起了许多国家的不满。其中尤以法国总统戴高乐的言辞最为激烈，他认为，美元享有“过分的特权”，它的国际收支赤字实际上毋需纠正，可以用印制美钞的方式来弥补；而其他国家，一旦发生了赤字，只能采取调整措施，蒙受失业和经济增长下降的痛苦，甚至不得不勒紧裤带，省吃俭用地节省外汇。

对于这些不满情绪，美国始终置若罔闻，不愿意为此付出调整国内经济的代价，来减少国际收支的赤字，依然对发行美钞乐此不疲。其原因在于，美元可以用于国际支付，因此，只要印钞机一转，不但能够轻而易举地抹平赤字，而且其他国家的商品和劳务也可以滚滚而来。

20世纪50年代末期，美国的黄金储备大量外流，对外短期债务激增。到1960年，美国的短期债务已经超过其黄金储备，美元的信用基础发生了动摇。当年10月，爆发了战后第一次大规模抛售美元、抢购黄金的美元危机。美国政府请求其他国家予以合作，共同稳定金融市场。各国虽然与美国有利害冲突和意见分歧，但美元危机直接影响国际货币制度，也关系到各自的切身利益，因而各国采取了协调冲突、缓解压力的态度，通过一系列国际合作，来稳定美元。除合作性措施之外，美国还运用政治压力，劝说外国政府，不要拿美元向美国财政部兑换黄金，并曾就此与当时的西德政府达成协议。但有些西方国家，比如法国政府就对美国的施压手法非常反感，丝毫不买美国的账，仍要求兑换黄金，带头冲击美元的霸主地位。

20世纪60年代中期，越南战争爆发，美国的国际收支进一步恶化，到1968年3月，其黄金储备已降至120亿美元，只够偿付短期债务的三分之一。结果在伦敦、巴黎和苏黎士黄金市场上，爆发了空前规模的美元危机，在半个月内美国的黄金储备又流失了14亿美元，巴黎市场金价一度涨至44美元1盎司。于是美国政府被迫要求英国关闭伦敦黄金市场，宣布实行“黄金双价制”，即各国中央银行之间的官方市场，仍维持35美元1盎司的官价，私人黄金市场的价格，则完全由供求力量自行决定。到1971年夏天，美国黄金储备已不足100亿美元，美元贬值的形势越来越明显，由此引发了一场资金外逃的狂潮，并于当年夏天达到了顶点。面对着各国要求兑换黄金的巨大压力，1971年8月15日，尼克松总统被迫宣布实行“新经济政策”，切断美元和黄金的联系。其他国家所拥有的700多亿美元，到底还值多少黄金，美国政府从此再也没有作出回答。

美元不再和黄金挂钩，实际上等于废止了布雷顿森林协议，宣告了布雷顿森林体系的崩溃。从此以后，美元不再兑换黄金，美国政府也不再承诺“美元和黄金一样可靠”，对美元的信心要求不存在了，信心和充足性之间的矛盾也最终消失了，历史终于以这样一种代价惨重的方式，破解了特里芬的难题。

公共选择理论

灯塔与公共物品

阿罗不可能性定理

囚徒博弈

寻租与“看不见的脚”

政府失败论

灯塔与公共物品

●公共物品无法实行谁消费，谁付钱的原则，这是一种市场失灵的表现。通常认为，这类物品应当由政府提供。

自然科学的许多重大发现，都是源于对日常生活的观察。詹姆斯·瓦特就是在烧开水的过程中，捕捉住发明蒸汽机的灵感。牛顿则从苹果落地得到启示，后来发现了物理学第一定律——万有引力定律。其实，在经济学的领域中，同样存在着类似的情况，灯塔就曾引发过许多经济学家的思考，并逐步形成了一门有关灯塔的理论——公共物品理论，从而为人们解释市场的失灵和政府的经济作用提供了新的依据。在经济学的历史上，这是一个非常重大的突破，以至于香港大学张五常教授称“灯塔是经济学上的一个里程碑”。

在黑夜茫茫的大海上，有一座灯塔，它为过往的船只提供光明，引导它们绕过暗礁，安全地航行。很多船只都因此而享受了灯塔的主人所提供的服务，但它们却没有付费而逃之夭夭，灯塔的主人也无法准确地判别哪艘船“偷看”了灯塔发出的光线，并去收取相应的报酬。在自由市场上，我们购买了别人的商品或是接受了别人的服务，是要付钱的，而在这里，市场经济条件下普遍适用的交换关系为什么不存在了呢？原因在于，灯塔具有“公共性”，或者说它是一种“公共物品”。所谓公共物品，通俗地说，就是那种能供许多人同时消费的物品，并且人们消费这种物品的效果，以及生产这种物品的成本，并不因为享有它的人数规模发生了变化而改变。公共物品包含的种类很多，除灯塔之外，像国防、法律、警务、消防、道路、教育、电视广播系统、空间研究、气象服务等，也都属于公共物品的范畴，但由于灯塔经常被经济学家们所提及，因此灯塔便成了公共物品的代名词。与公共物品相对应，我们平时所购买的一些商品，如食品、衣服等则被称为“私人物品”。

公共物品和私人物品的本质区别，主要表现在两个方面：一是公共物品具有消费上的非竞争性，以电视系统为例，北京居民在晚上8点钟收看中央电视台的文献纪录片《周恩来》，丝毫不影响天津的居民在同一时间收看同一节目。再比如说路灯，你可以用它来照明，我也可以，而且任何人对它的消费，并不影响其他人的消费效果。相比之下，私人物品就不能供许多人同时消费，一套衣服，你穿了我就不能穿，一块蛋糕，我吃了你就不能吃。二是公共物品在消费上具有非排他性，公共物品一旦生产出来，不管你是否支付了费用，都可以自由地消费，而无须经过某一个人或组织的批准。因为像路灯这样的公共物品，多一个人从它下面走过，并不会增加任何费用，禁止所有的人通行，也不会使成本有任何的降低，反而会给别人带来不便；一个国家的安全防务系统，则不可能将任何一个居民单独排除在它的保护之外，即使对到本国旅游的外国人来说，也是如此。而私人物品的消费则具有排他性，只有支付了费用，你才能消费。比如你想拥有一台电冰箱，那就得花钱买，否则，就别想得到它。正因为如此，美国著名经济学家保罗·萨缪尔森曾这样描述公共物品的特征：“每个人对该产品的消费不会造成其他人消费的减少……而公共物品的困难在于，虽然每个人的消费不影响对其他人的供给，但是却无法将任何一个享受者排除出去，或者说排除的成本太高了，以至于我们无法支付。”

公共物品的上述特征，跟公共物品的不可分性有很大关系。一种私人物品，比如说一块面包，我们可以用多种不同的办法，将它分给10个人享用，而桥梁却必须或多或少地同时提供给所有的人使用，因为它只有作为一个整体才能发挥作用，如果将它锯成若干段分给居民，让他们各自搬回家，对所有的人来说都将是一种损失。现在的问题是，公共物品的生产是需要成本的，这种成本应该由受益者共同承担，但它又不像私人物品那样，可以实现谁付钱、谁消费的原则，因为作为一个整体，它一旦被提供出来，那些没有分担成本的人也可以从中受益，经济学上将这种现象形象地称为“搭便车”，就好像那些乘坐公共汽车又不买票的人一样。中国古代最早因“搭便车”而出名的人应该算南郭处士，滥竽充数这个成语说的就是他。据《韩非子·内说储上》记载，齐宣王特别喜欢听人吹竽，而且每次都是300人合奏，于是，南郭处士看到有机可乘，便混进宫廷乐队。当别人演奏时，他就装模作样，比画比画，不费什么力气，照样分到国王的赏金。后来“宣王死，缗王立”，新国王喜欢听独奏，南郭处士看到“便车”不好搭，就偷偷地溜走了。

由于存在着搭便车的可能，消费者无须付费，就能享受到公共物品的服务，这便使得公共物品的收费成为一件非常困难的事情。围绕着如何解决这一问题，经济学家们进行了长久的讨论。1974年，著名经济学家科斯发表了《经济学上的灯塔》一文，指出，只要明晰了灯塔的产权，灯塔的收费困难就可以得到解决，从而使灯塔这种公共物品，能够通过市场来供给。办法是政府对灯塔的建造者颁发许可证，授权他们向过往的船只收费。萨缪尔森对此持反对态度，他指出，灯塔的收费面临着一个基本的困难，就是灯塔发出的光线应如何定价。我们知道，在市场交换的条件下，一种商品或服务的价格，不是取决于它的平均成本，而是取决于它的边际成本。这里的边际是“增加”的意思，比如你多生产了一双皮鞋提供给我，你的总成本增加了多少，这双皮鞋就值多少钱，我就付给你多少钱。至于上一双皮鞋的生产成本是比这双多还是少，那跟我无关。但问题在于，灯塔一旦建造起来，多一艘船只从它下面经过，并不会使灯塔的建造成本或维护成本有任何的增加，也就是说边际成本为零，这样按照边际成本的等价原则，船主根本不该付费。灯塔的收费困难依然存在。

与科斯不同，从约翰·穆勒到萨缪尔森，大多数经济学家认为，依靠市场机制，不可能解决灯塔的收费困难，也就是说，市场在这里会失灵。因此，公共物品不能通过市场供给，而只能由政府来提供，相应的费用通过征税弥补。穆勒在他的《政治经济学原理》一书中写道："虽然海中的船只都能从灯塔的指引中获益，但若要向他们收取费用，就不能办到。除非政府用强制抽税的方法，否则灯塔就会因无利可图，以至于无人建造。"就连科斯的得意门生张五常也承认："一提起灯塔这个生机盎然的例子，经济学者都知道指的是收费的困难，这种困难使灯塔成为一种非政府亲力亲为不可的服务。"

阿罗不可能性定理

●与市场有可能失灵一样，民主也有它失效的时候，因为任何一种多数同意规则，都不可能万无一失地保证投票的结果，符合大多数人的意愿。

我们在日常生活中，总是面临着许多的选择。不过，只要稍加分析你就不难发现，所有这些选择活动，总的来说不外乎两类：一类是私人选择，另一类是公共选择。私人选择完全可以根据私人的意愿作出，没有必要非得争取别人的同意。比如说你早上到菜市场买了1斤萝卜，回家的途中遇到了你的邻居，他绝不会责备你买萝卜没跟他商量。因为这纯属私人选择，选择的结果完全由你自己承担，无论萝卜是买贵了还是买贱了，都与他没有关系。相比之下，公共选择则必须由多个人共同作出，一个人就力不能及了。举个例子，你与你的一位同学素来不睦，现在你愿意跟他摒弃前嫌、言归于好，那就得需要你们两个人协商决定。大致说来，经济个体在市场条件下作出的决策，都是私人选择，而公共选择则大量地发生在政治领域，如制定或修改法律，选举政府官员，充实国防力量，等等。经济学有一个分支——公共选择理论，专门来分析上述发生在政治领域中的决策行为，阿罗不可能性定理就是有关决策效果的一个重要结论。

市场条件下的私人选择，实际上是经济个体利用自己手中的“货币选票”，直接表达他们对各种产品的意见。对于这种行为的研究，一直是经济学的核心内容。比较一致的结论是，市场条件下的私人选择，通常可以导致有效率的结果，能够引导资源实现合理配置，但也存在着市场失灵的情况。而在政治领域中，个人意愿的表达，必须经过公共选择这个过程，在民主制度下，最为常见的办法就是投票。那么，它是否也能导致一种有效率的结果呢？这便跟投票的规则有很大的关系。

公共选择理论的创始人布坎南认为，一致同意规则是公共选择的最高准则。“任何一个有理性的人都不会同意那些预期会给他带来损害的事情”，因此，一个人一旦同意了某一选择，他一定认为这是对他有利的，至少不会受损。市场机制之所以有效，就是因为在市场中达成的任何一笔交易，都是以交易双方一致同意为基础的，哪怕有一方不同意，交易都无法达成。这一原则对公共选择来说也是适用的，只要某一集体决策获得了一致同意，那就表明，它肯定没有使任何一个参与者受损，却至少对其中的一个人有利。用经济学的术语来说，这就是一种帕累托效率的改进。然而，令人遗憾的是，“一致性是件好事，但却太昂贵了”。各参与者之间的利益差别不可避免，而每项议案的通过，却都要征得所有人的同意，这就需要付出巨大的努力，去说服每一个人，直至最后一个怀疑者。更糟糕的是，一旦这个最后的怀疑者认识到他有如此巨大的威力，他就有可能以投否决票相要挟，去敲诈那些支持议案的人。通常的情况则是，在马拉松式的讨价还价中，达不成任何协议。

既然一致同意规则代价高昂，人们就转而求其次，降低同意的“百分比”，将一致同意的100%，降为80%、70%，或者是51%，这样就产生了多数同意规则。相对于一致同意来讲，多数同意规则无疑是降低了决策的成本，但由于每项决策都可能在有人反对的情况下通过，这就使公共选择带有了强制的色彩。尽管作为一个和平主义者，你不赞成军备扩张，但却必须跟那些鹰派人物一样，为扩张军备而纳税，为别人的选择支付成本。对此，人们通常的看法是，少数服从多数是一种“民主”的公共选择过程，它虽然使少部分人受损，但同时却让大部分人获益。因此，从整个社会的角度看，这个决策还不失为一个“好”的决策。

然而，“民主”真的万无一失吗？让我们来看一个例子：有三家企业属于同一主管部门，上级决定将它们合并为一个大公司，公司的总经理从三家企业的现任厂长中产生，他们是牛厂长、杨厂长和马厂长。可供选择的方案有：职工普选（A）、主管部门任命（B）、按企业的资金实力来确定权利的分配（C），三位厂长将采用投票的方式，决定最终采用哪种方案。在这三个企业中，牛厂长的企业职工人数最多，资金实力最弱，牛厂长本人与上级的关系还行。因此，牛厂长最希望职工普选，最反对按资金实力来分配权利。杨厂长的企业职工人数最少，资金实力居中，但杨厂长跟上级主管领导是“铁哥们”，因此他最支持上级任命，最反对职工普选。马厂长的企业资金实力最为雄厚，但马厂长跟上级领导积怨很深，因此，他最支持按资金实力来分配权利，最反对上级任命。于是，便出现了一个奇怪的现象：在3个投票者中，总有2个人认为，方案A优于方案B，方案B优于方案C，方案C又优于方案A，支持每个方案的大多数总是循环出现的，这便是“循环投票之谜”。在循环投票的情况下，哪一个方案最终获得了通过，不是依据是否符合多数人的意愿，而是依据投票的程序。比如说，先就A和B进行表决，牛厂长和马厂长将更偏爱A，于是A方案当选，再就A和C进行表决，马厂长和杨厂长无疑更倾向C，于是C方案就最终获得通过。但如果从对A和C表决开始，最后获胜的就不是C，而是B。若从B和C的比较开始，最终当选的方案又变成了A。这样一来，如果哪个人能够影响投票的次序，他就可以决定表决的结果，少数服从多

数的原则也就失效了。

循环投票现象最早是由法国人孔多塞特发现的，后来美国经济学家肯尼斯·阿罗又进行了更进一步的研究。他发现，如果两个以上的投票者，就两个以上的方案进行表决，循环投票就总有可能出现，出现的概率随着投票人数和供选方案的增多而增大。在此基础上，阿罗经过严格的数学证明，得出了一个令人吃惊的结论：任何一种多数同意规则，都不可能万无一失地保证投票的结果符合大多数人的意愿。这就是著名的阿罗不可能性定理，又称阿罗悖论。

阿罗悖论使我们对公共选择和民主制度有了新的认识，正如市场存在着失灵一样，民主也有它失效的时候。尽管失效的概率可能很小，但这并不意味着阿罗的警告无足轻重。飞机失事只有不足万分之一的可能，但它一旦掉下来，对乘客来说就是百分之百的灾难。

囚徒博弈

●博弈论研究在某一特定的条件下，如何针对别人的选择作出决策。它是现代经济学目前最为前沿的理论课题之一。

甲、乙两人由于偷汽车而被捕，他们为此要被判处两年的监禁。在审问的过程中，警长感到，这两个人很可能参与了上月的银行抢劫案。不过，这仅是一种猜测，除非其中有一个坦白交代，否则，警长不会得到任何证据。于是警长就想了一个主意，他把两人分开关闭，使他们无法联系，并且分别跟两个囚徒单独谈话："我已经掌握了足够的证据，证明你们两人上月参与了银行的抢劫，将偷汽车和抢银行二罪归一，你们将被判处 10 年的监禁。不过如果你单独坦白，主动交代对方的问题，就可以争取宽大处理，将监禁期缩短为 1 年，你的同伙则要被监禁 10 年。但是，如果你们两人都坦白交代，则都将被监禁 5 年。"在这种情况下，两个囚徒的反应是什么呢？甲会想，对我最有利的选择是我交代而他不交代，这样我只被判 1 年，而他则要坐 10 年牢，不过如果他也这样考虑，我们两个就都被监禁 5 年；相比之下，还是两人都不交代要好一些，因为这样我们就只由于偷车而判 2 年，但是，万一对方出卖了我，等待我的将是 10

年铁窗啊。是交代好还是不交代好呢？乙方也处于一样的两难境地，要是他能知道甲方的想法该有多好，因为甲的选择，同样影响他的决策。

在上面的例子中，包含着一个有趣的理论——博弈论（又称对策论），这是现代经济学最为前沿的理论之一，它所研究的主要问题是，在某一特定的条件下，如何针对别人的选择作出决策。博弈论是美国数学家约翰·冯·诺伊曼在1937年提出的，后来，冯·诺伊曼和奥斯卡·摩根斯坦联手出版了《博弈论与经济行为》一书，首次将博弈论运用到经济学中。这个从棋弈、桥牌中借用来的术语，看起来好像无关宏旨，实际上具有重大的意义，已经得到了非常广泛的应用。1994年的诺贝尔经济学奖，就是由纳西、泽尔藤和海萨尼三位对博弈论的应用作出了重大贡献的经济学家所分享。

让我们重新回到上面的例子，看看两个囚徒博弈的结果，亦即寻找博弈的均衡。从甲的角度来说，他的结果取决于乙的行动，如果乙不交代，他最好的选择是交代，因为这样就可以只被监禁1年；反过来，如果乙选择了交代，甲最好的选择仍然是交代，因为在这种情况下，他宁愿被判5年，而不愿被监禁10年。这样，甲的推理就是，无论乙如何选择，他最好的选择是交代。同样的道理，乙也会选择交代，所以，最后甲、乙二人都被监禁5年，这就是博弈的均衡。这种均衡最早由纳西从理论上作了归纳，因此称纳西均衡。对两个囚徒来说，纳西均衡并非是最好的结果，因为如果他们两个都不交代，每个人就只判2年。但不交代不符合各自的最好利益，因为他们都有争取1年监禁的机会，于是，两个囚徒都选择了交代，他们都得到了比较坏的结果。

纳西均衡的结果是博弈双方的不合作，这在很大程度上是因为上述博弈只进行一次，参与者无法根据这次博弈的结果，再做一次选择。在现实生活中，经常存在着重复博弈的情况。比如两家百货公司展开价格战，一

方宣布将商品价格降低10%，虽然可以暂时地赢得较多的客户，但这很可能惹恼它的竞争对手，用更大幅度的降价进行报复。这就是说，在一种博弈可以重复进行的情况下，一个参与者总有机会惩罚另一个参与者的“坏”行为，比较常见的惩罚方式就是“一报还一报”，即如果你在前一时期合作，现期我就与你合作，反过来，如果你在前一时期违约，我在现期就采用违约战略。这种反应与对抗反应的博弈如果持续下去，结果必然是两败俱伤，使博弈双方都蒙受损失。参与者有可能从中汲取教训，化干戈为玉帛，寻求一种有效的合作。这样，博弈的结果就不是纳西均衡，而是以合作告终，被称为合作均衡。具体到上面的那两个百货公司，它们都有可能联手制定协议价格，去获取垄断利润。

在许多国家，协议价格是非法的，但这种价格竞争所导致的秘密合作的确存在过。一个比较著名的例子就是美国所谓“不可信任的电子行业的勾结”。在20世纪50年代，美国30多家主要的电气设备生产者，包括通用电气公司和西屋公司这样的大企业，达成了一个固定价格的协议，所涉及的物品从2美元的绝缘子到价值几百万美元的汽轮发电机。尽管这个协议在50年代一直起作用，但由于电气行业的这种勾结运用了一些保密方法，直到美国的司法部门发现并终止了它，大多数人并不知道这个协议的存在。一个公开而持久的合作均衡存在于OPEC，即石油输出国组织。第二次世界大战以后，产油国的出口竞争导致世界原油市场价格暴跌，从70年代开始，一些主要的石油输出国便加强合作，联手组成了一个石油卡特尔，垄断石油市场，它们制定配额，消减产量，实行统一的价格，从而获取高额利润。由于OPEC具有有效的监督和惩罚违规者的手段，该卡特尔长期以来是比较稳定的。但也出现过例外的情况，有好几次，尼日利亚、伊朗、厄瓜多尔等几个小国，拒绝削减石油产量，结果在1982年，OPEC被迫降低了石油价格，合作均衡曾一度遭到破坏。

博弈论在实践中的应用非常广泛，它不仅可以用来分析垄断和寡头竞争，而且可以应用于政治、军事、社会学、心理学等许多领域。比如我们将文中的甲、乙两个囚徒比作两个国家，把“交代”与“不交代”比作“部署核武器”与“不部署核武器”，那么博弈论就可以用来分析两国的军备竞赛。不管是研究价格战、外交策略还是其他，我们都需要博弈论这种分析方法，以便考虑各方之间的相互影响。正因为如此，博弈论已经成为当今最热门的研究课题之一。

寻租与“看不见的脚”

● 寻租是指那些借助于政府的力量，来追求自身经济利益的非生产性活动。它会使市场机制失去作用，有人称之为“看不见的脚”。

在经济学家的眼中，“天下熙熙，皆为利来；天下攘攘，皆为利往”。的确，在日常的社会生活中，人们追求经济利益的行为多种多样，但从社会效益的角度看，大致可以分为两类：一类是生产性的增进社会福利的活动，如生产活动、研究与开发活动以及在正常市场条件下的公平交易买卖等；另一类是非生产性的、有损于社会福利的活动，它们非但不能增进社会福利，反而白白消耗社会经济资源，如以权钱交易为目的的贿赂活动，其直接后果便是社会财富在个人之间的转移，绝不会使财富有任何的增加。而且作为贿赂活动本身，不仅耗费了行贿者的时间和精力，对行贿对象来说，为了寻求受贿，或是为了抵制、防范行贿，也得耗费许多的社会经济资源。

几十年来，经济学家们对上述现象给予了越来越多的关注。他们提出了“寻租”的概念，来描述那种借助于政府的力量，来追求自身经济利益的非生产性活动，并形成了一门研究这些活动的经济学理论——寻租理论。寻租理论的思想最早萌芽于1967年塔洛克的一篇论文，但作为一个理论概念，是1974年克鲁格在研究国际贸易保护政策时提出的。在此以后的时间里，寻租理论获得了长足的发展，其影响力已经遍及经济学的各个分支，还为社会学、政治学、行政管理学等其他社会学科提供了新的研究思路。这是因为寻租理论对现代经济学的研究方法有独特的创新。

在经济学中，“租”或者叫“经济租”的原意是指，一种生产要素所获得的报酬，超过了社会平均水平的那部分剩余。比如一个企业成功地开发了一项新技术或新产品，它就可以获得高于其他企业的超额收入，其超出部分就可以称之为“租”。不过，这种生产性的创新活动，不是寻租，而是“寻利”。在自由竞争的条件下，租的存在必然吸引其他企业纷纷效仿，进而导致超额利润的消失，这种模仿行为也属于寻利的范畴，是正常的市场竞争机制的表现，它会增加整个社会的福利。

但如果人们通过非生产性的活动，来追求既定的社会经济利益，其行为的性质就变成了寻租。比如一个企业在开拓了市场后，它可能寻求政府的保护或干预，来阻止其他企业参与竞争，以维护其独占地位，确保其既定利益。再比如一个企业，明知另一个地区的企业拥有更为先进的管理和技术，他们不是下工夫向先进的企业学习，而是想方设法诱使当地政府采取保护政策，排斥那些先进企业的竞争，以维护自身的利益。类似的例子还有，一部分企业采取种种手段，获取政府的“特殊照顾”，通过减免税收或财政补贴的办法，使既定的经济利益在企业间重新分配，让自己享有其他企业的“输血”，从而获得一种经济租。

寻租活动具有连锁性，美国经济学家布坎南曾举过一个例子：假设一个城市，政府通过发放经营执照的方式，人为地限制出租汽车的数量，可能会使出租车的数量过少，出租车车主就会赚取超额利润，亦即经济租。这会诱使人们想办法从政府官员那里得到营业执照。如果执照的发放在很大程度上取决于主管官员的个人意志，人们就会争相贿赂讨好他们，从而产生第一个层次的寻租活动。由于官员们在第一个层次的寻租活动中享有特殊的利益，这又会吸引人力物力为争夺主管官员的肥缺而发生第二个层次的寻租活动。要抑制这些活动，可以用征收执照费的形式，将出租车主的超额利润转化成政府的财政收入，那么，为了争取这笔收入的分配，各利益集团又有可能展开第三个层次的寻租活动。

寻租活动可能是违法的，也可能是合法的。合法的如企业向政府争取优惠待遇，利用特殊政策维护自身的独家垄断地位；非法的如行贿受贿、走私贩毒，等等。但无论是合法的还是违法的，其共同特征都是社会经济资源的巨大浪费。表现在：（1）造成资源的市场配置机制扭曲，阻碍了要素的合理流动；（2）寻租活动本身白白耗费了社会资源，使本来可以用于生产经营的要素，浪费在这些于社会无益的活动中；（3）导致其他层次的寻租活动或“避租”活动，比如寻租活动使政府官员得到了特殊利益，从而引发了追求行政权利的浪费性竞争。不仅如此，利益受到威胁的企业也会采取行动“避租”，与之抗衡，从而浪费更多的社会经济资源。克鲁格在《寻租社会的政治经济学》一文中，曾经对印度和土耳其两国的寻租浪费做过估计。她发现，1964 年印度由此形成的租金约占当年国民收入的 7.3%，而在土耳其，1968 年寻租活动造成的浪费则占当年国民收入的 15%！如此惊人的资源浪费，甚至远远超过了寻租者得到的好处。

经济学的中心课题是研究资源的配置问题。古典经济学的鼻祖亚当·斯密提出了“看不见的手”的假说，认为个人对自身经济利益的追求，可以通过竞争使整个社会的资源配置达到最优。尽管斯密以后的经济学家又对这个假说进行了严格的证明，但这种证明是有局限性的。打个比方说，古典经济学的理论假设，就好比物理学中没有摩擦力的真空，虽然有利于说明市场机制的本质，却在分析现实问题时捉襟见肘。经济个体的寻租竞争，就可以使“看不见的手”失去作用，有人称之为“看不见的脚”，于是寻租活动就可以形象地比作“看不见的脚”踩了“看不见的手”。而且，寻租理论还对我们认识政府的行为提供了新的教义，市场的缺陷需要政府的干预加以弥补。但正如市场机制不是万能的一样，政府干预并不能包治百病，它虽然可以在一定程度上对市场机制加以矫正，但也为寻租的产生提供了土壤。因此，在认识到市场失灵以后，我们还应对“政府失败”给予足够的注意。

政府失败论

● 如果说市场机制并非完美无缺，那么针对市场缺陷的政府干预也并不一定能解决所有的问题，增进公众的福利。因此对政府的经济干预，应持谨慎的态度。

法国早期的经济学家萨伊曾经给经济学下过这样一个定义："阐明财富是怎样生产、分配和消费的科学。"然而，重新回顾一下经济学几百年来走过的历史，我们惊奇地发现，今天经济学的研究领域比以前大大地扩展了。看一看诺贝尔经济学奖得主的研究成果，1986 年，瑞典皇家科学院把该奖授予了美国经济学家布坎南，他开创性地将经济学的研究方法应用到政治领域，创立了公共选择理论——一门真正意义上的"政治经济学"；1992 年的诺贝尔经济学奖得主是美国芝加哥大学教授贝克尔，他因把经济学用于分析结婚生育、子女抚养等问题而享誉全球；1993 年，另一位美国经济学家诺斯荣膺了诺贝尔经济学奖，他的突出贡献是用经济学的原理来重新解释历史……或许有一天，经济学的足迹将踏遍社会科学，乃至人文科学的每一个角落。不过，千里之行，始于足下，今天我们就以布坎南教授的政府失败论为起点，开始我们的旅行。

经济学和政治学最早曾是一对连体婴儿，古典经济学的创始人亚当·斯密就非常重视政治对经济的影响，他那个有名的“看不见的手”的理论，就是在分析了有政治干预的市场和无政治干预的市场之后得出的。但古典经济学的衣钵传到马歇尔的手中，情况开始发生了变化，他摒弃了政治因素，转而分析纯粹的经济问题，并将政治经济学更名为“经济学”，而且更加强调自由放任的思想，从而开创了一个新古典经济学的时代。20世纪30年代的大危机，宣告了自由放任思想的破产，将凯恩斯的宏观经济理论推上了历史的舞台。从此以后，政府开始大规模地介入经济生活，同时经济学界也开始了一场揭露市场局限性的运动，强调自发的市场力量必将导致环境污染、分配不公和就业不充分等问题。对此，人们要求政府干预经济，以弥补市场的缺陷。那么，政府干预能否达到预期的效果，增进整个社会的福利呢？在很长一段时间内，经济学在这个问题上一直是个空白。到了20世纪60年代，政府对经济的干预不但越来越难以奏效，反而引发了一系列的“后遗症”。于是，人们开始对政治因素和制度因素的效果产生了怀疑，希望能恢复古典经济学的传统，在经济分析和制度分析之间架起一座桥梁。以美国经济学家布坎南为首的公共选择学派，便开创性地将经济学的研究方法应用到了政治领域，通过分析政治决策和政府行为，得出了一些令人耳目一新的见解，政府失败论便是其中很有影响的一个。

在公共选择理论产生以前，政治学和经济学一直是“两张皮”。在经济领域里，总是假设每个人都是“经济人”，以追求自身利益的最大化为目标；但到了政治领域中，经济人又摇身一变，成了利他主义者，没有任何的个人私利。布坎南则认为，这两种分析方法本身是矛盾的，政治学对人的假设过于理想化了，难免在分析现实问题时捉襟见肘。不可否认，在现实生活中，人并不总是追求个人的私利，一个在谈判桌上“寸利必争”

的商人，或者一个“吝啬”得连办公用纸都精打细算的企业家，在捐助教育，或资助慈善机构时，有时可能会表现出慷慨大方。但总的来说，经济人的假设还是反映了人类行为的基本特点，它至少在统计学的意义上是成立的。因此，经济人的假设仍然适用于政治领域。一个人不会由于拥有一个部长的头衔，人性就会发生根本的改变。同样也没有理由认为，一个人一旦站在选票箱前，他的行为就会跟他在自由市场上有什么本质的不同，在可能的情况下，他总是会投票赞成那些给他带来更大利益的政治家，而反对那些不能带来利益，甚至是较小利益的政治家。

传统的政治学总是把政府看做是一个整体。从整体的角度去分析它的政治行为和社会行为，认为政府总是大义为公的。布坎南对此持否定态度，他认为，个体是构成群体的细胞，只有从个体的角度出发，才能分析集体的行为。政府只是一个抽象的概念，它最终是由人组成的，这些人首先都是经济人，他们都有自己的私欲，都要追求自身利益的最大化。另外，他们作为一般的人，并非无所不知、无所不能，而是拥有人类固有的一切弱点，也会犯这样那样的错误。即使有的官员想把事情办好，也可能由于种种局限无功而返，或者好心办了坏事。总之，政府不是神的造物，也不是超凡至圣的超级机器，并没有正确无误的天性。因此，如果说市场机制并非完美无缺，那么针对市场缺陷的政府干预也并不一定能解决所有的问题，增进公众的福利。这就是著名的“政府失败论”。

站在“政府失败论”的角度上，公共选择学派强烈反对凯恩斯的经济干预政策，主张经济自由。认为过多的政府干预，只会扰乱和破坏经济生活内在的自然秩序，加剧经济的失衡。西方经济的滞胀局面，就是执行凯恩斯主义政策的必然结果，是凯恩斯的“政治遗产”。“政府就如同一个拙劣的保姆，有时想讨好主人，却往往把饭烧糊；更多的时候，她则是忙于自己的梳洗打扮，而把主人的孩子扔到一边。”因此，必须抛弃对政府

不切实际的幻想，尽量发挥市场的功能，只有当市场调节要比政府干预花费更大的代价时，才引入政府干预。同时，公共选择理论还告诫我们，如果出现了政府失败，我们不应该单纯从官员是否高尚正直上去找原因，而是应该检讨一下制约和选拔官员的程序和规则，看看是不是现行的体制出了问题。

制度分析理论

二元体系与“新社会主义”

混合经济论

诺斯的制度变迁理论

产权问题与“科斯定理”

市场法则何以失灵

合理预期假说

经理革命

凡勃伦传统

●凡勃伦认为，人类社会存在着两种基本的制度：一种是技术制度，另一种是私有财产制度。代表这两种制度的社会力量是技术阶层和企业家阶层。

在人类历史上，大凡被视为“异端”的学说，在其诞生的最初阶段，似乎都经历过相同的命运：应者寥寥，排挤、斥责和打击无休无止。但是，当后人拂去岁月的尘埃，用慧眼重新审视天才的思想时，这些磨难炼就的成果便显得格外的光彩夺目。制度经济学便是这样一个典型的例子。该学说从最初一个离经叛道的“异端”，发展到今天在西方有着崇高地位和巨大影响的经济学流派，足足经历了大半个世纪。制度学派以资本主义制度以及正统经济学的“批判者”面目出现，在西方经济学诸流派中独树一帜。它既反对凯恩斯主义各派，又反对货币主义和其他自由主义学派，同时坚决反对穆勒和马歇尔开创的古典和新古典的方法论。它另辟蹊径，注重和强调“制度因素”对经济发展的作用，主张从“制度”的分析出发来建立经济学体系。而这些理论的渊源，可以追溯到19世纪末20世纪初美国经济学家凡勃伦开创的“凡勃伦传统”。

完全可以想象，这一“异端邪说”的创始人一生的学术生涯该有多么不顺利。1892—1906 年，他任芝加哥大学经济学教授，因宣扬反资本主义学说被迫离职，以后任教于其他大学亦受排挤。但孤苦、寂寥反而愈加催发他捍卫自己思想的决心，1911 年以后，他开始作为自由作家对社会和经济问题展开广泛的分析批判。他在《有闲阶级论》、《企业理论》、《现代文明中科学的地位》等著作中创立了一整套独特的经济理论体系，奠定了制度经济学发展的基础。

凡勃伦既反对像边际效用学派那样把个人从特定社会生产关系中抽象出来，分析个人的欲望及其满足的特性；也反对像马歇尔那样用均衡的原则来解释社会经济现象，认为各种对抗着的力量最终将趋向调和。在凡勃伦看来，历史是进化的、演进的，不是静止的；社会的发展就是制度的发展，经济制度只是它所存在的文化体系的一部分，其变化受许多非经济文化因素的制约，不是独立发展的。因此，他认为经济学研究的基本内容应该是制度的演进过程。凡勃伦认为，制度的实质就是“个人或社会对有关的某些关系或某些作用的一般思想习惯”，包括私有财产、价格、市场、货币、竞争、企业、政治结构、法律和营利活动等等。从这一理论出发，他认为人类社会存在着两种基本的制度：一种是技术制度，另一种是私有财产制度，代表这两种制度的社会力量是技术阶层和企业家阶层。在资本主义社会中，技术阶层不断创造物质财富的倾向会受到市场需求的制约，这时，生产和技术的发展要取决于能否获得利润，如不能或较少获得利润，则企业家的赢利动机与技术阶层的创新倾向就会发生冲突。凡勃伦把冲突的责任归于企业家阶层，并且认为企业家阶层的赚钱动机阻碍了社会进步。因此，他主张进行一场社会革命，使产业组织的控制权从以赢利为目标的“既得利益集团”（企业家）手中转移到“技术管理阶层”手中。这一套理论便是后来所有制度经济学家遵循的所谓“凡勃伦传统”。

凡勃伦的追随者把这一传统发展成为后来极富盛名的制度经济学的代

表理论："技术决定论"。该论点是从所谓"最重要生产要素"决定社会权力转移和社会制度演进这一观点出发的。根据这个论点，在社会任何发展的任何阶段上都有一种生产要素是"最重要和最难于替代的"。在封建社会，这重要的生产要素是土地，因而地主也就是社会中最具有权力的人。后来，随着美洲、非洲和大洋洲大片土地的开发和自由耕种，土地这一生产要素的重要性开始下降，而此时，科学技术进步使人们发现和利用了大量新的生产资料，这样，能够购买任何生产资料的资本就上升为"最难获得和替代"的生产要素。生产要素的转移又决定了权力的转移，资本家便继地主之后成为社会掌权的人，封建社会也就过渡到资本主义社会。而在现代资本主义社会中，由于投资机会越来越少，出现了储蓄大于投资的资本"过剩"，这时资本也就不具有决定意义了。新的"最重要"的生产要素是什么？他们认为是"专门知识以及与之相适应的组织形式"，这样也就发生了"从资本到专门知识"的转移。与此相适应，权力也就从资本家手中向握有专门知识的"技术结构阶层"或称"专家组合"手中转移。所谓"技术结构阶层"包括科技人员、管理阶层和一些高级的事务员。发生"资本向专门知识"的转移后，传统的资本主义也就转变为现代资本主义了。

当资本向专门知识转移后，企业内部的利益结构和权力结构也发生了新的变化。在传统资本主义经济中，对企业前途和命运最关心的是资本家。而在现代资本主义经济中，股东对企业的关心是不专一的，哪个企业更有前途，股东就购买哪个企业的股票，而抛出他认为没有前途或经营不善的企业的股票。相比之下，由于工人往往要较固定地依附于某个企业，因此他们对企业忠诚的程度反而超过资本家。但是对企业最具忠心的却是"技术结构阶层"，由于股东对专门技术和管理知识越来越难于理解，因此"技术结构阶层"实际上成了公司的决策者，他们与公司之间存在着休戚

与共的利益联系，他们的理想与公司的命运已经熔为一体。这种利益与权力结构的变化，必然会对公司的经营目标和经营方式产生重大的影响：稳定增长将取代利润最大化成为公司的目标，公司将更重视技术创新和产品开发，并与金融界的关系也将越来越疏远。

美国经济学家贝尔以他的分析进一步发展了“凡勃伦传统”。他认为，由于科学技术的推动，现代发达资本主义社会已经进入“后工业化社会”，在这个社会中，产业结构已从制造业为主转向包括商业、金融、交通运输在内的服务业为主；科学研究人员和具有专门知识的管理人员取代了企业主，在企业中掌权；技术、经济发展规划及技术评估更加受到重视；理论知识成为社会核心，并作为社会革新和决策的依据；新的“智能技术”是决策的依靠力量。贝尔特别强调了一个所谓“中轴原理”。他认为，社会发展取决于一个“中轴结构”，这个“中轴结构”由掌握科学知识的大学和研究机构组成，而中轴即科学知识。贝尔宣称：“封建主义、资本主义和社会主义这些名词，都是马克思主义学说里以财产关系为中轴形成的概念序列。前工业社会、工业社会和后工业社会这些名词，则是以各种知识为中轴形成的概念序列。”他认为，利用这两个中轴解释社会制度，“人类则能够在解释社会方面创造一个‘互补性’原理”。一语点破，这也许正是凡勃伦传统的本质和目的之所在。

二元体系与“新社会主义”

●加尔布雷思认为，现代工业社会中存在着两个经济体系，一个是由大公司组成的“计划体系”，另一个是由中小企业组成的“市场体系”。“计划体系”对“市场体系”存在着剥削。

在20世纪三四十年代颇为消沉的制度经济学派，从50年代开始，由后来被称作为“制度经济学的集大成者”加尔布雷思教授重整旗鼓，并轰轰烈烈地发展成了今天盛极一时的“新制度经济学”。这位学识广博、思想敏睿的学者，1973年出版了他最重要的著作《经济学与公共目标》，书中提出的“二元体系论”、“结构改革”和“新社会主义”的主张颇为“惊世骇俗”，在西方经济学界曾掀起了一阵强烈的波澜。

加尔布雷思认为，现代工业社会中存在着两个经济体系，一个是“计划体系”，另一个是“市场体系”，因此，现代资本主义经济并不是单一的模式，而是两种体系并存的“二元经济”。

“计划体系”是由大公司组成的。在美国，这样的公司大约有1000家左右。这些大公司以稳定增长为目标，它们通过对市场进行精确的监视和预测，能够有计划地进行经营，实行计划生产和计划销售。大公司与大公

司之间，大公司与政府之间还存在着广泛的联系，因而较易达成协议和契约，拥有操纵价格的权力。“市场体系”由千百万中小企业和个体经营者组成。它们力量单薄，决策分散，技术简陋，生产和经营主要接受市场的引导。

加尔布雷思认为，在美国，尽管这两个体系所创造的产值差不多，但“计划体系”的地位却明显高于“市场体系”。首先，大公司可以通过协议控制价格，这样就可以把因工资提高引起的成本上升的部分，通过涨价转嫁出去。这样既可以保证公司的利润，又可以改善同工会的关系。其次，大公司可以通过操纵价格，控制市场份额，实现从“消费者主权”向“生产者主权”的转变。按加尔布雷思的说法，人的消费需求可分为生理性需求和心理性需求两类：生理性需求是维持人们生活的基本需求；心理性需求则是满足人们心理欲望的需求，如人们的荣誉感、舒适感等所引起的需求。在现代社会，人们的心理需求在消费结构中所占的比重是不断加大的，而心理需求的特点之一就是具有不确定性和可塑性，这样就存在对其进行引导和管理的可能，企业通过庞大的营销网络、铺天盖地的广告宣传等对消费者进行“劝说”，诱导消费者购买产品，使由买者根据自己的偏好选择商品的“消费者主权”转变为由卖者有意识地对购买行为进行支配的“生产者主权”。而有条件做到这一点的只有大公司，大公司可以通过发达的推销系统和广告使消费者按其意图行事。再次，大公司资金雄厚，自身积累的能力很强，从而可以摆脱银行界的控制。最后，大公司具有影响政府的能力，政府在某种程度上是为大公司服务的，如提供社会保障，制定对公司有利的政策，等等。相比之下，“市场体系”则处于显著的不利地位：中小企业无力操纵价格，只是市场价格的接受者；中小企业占有的市场份额小，无法对消费者进行引导；中小企业本小利微，无力摆脱金融界的控制；中小企业更无力影响政府，等等。

正是由于二元体系在地位上的这种不平等，所以给社会造成了两个主要后果：第一，造成收入不平等，中小工商业受到大工业的剥削和挤压。“计划体系”参与者的收入将比较可靠和丰厚，市场体系中的雇主和工人情况则相反。此外，“市场系统”出售其产品和劳务时，其中很大的一个部分，其价格不是由它自己控制的，实际上不得不屈服于“计划系统”的力量之下。第二，造成社会经济发展的不平衡。计划体系从事的汽车、军工、钢铁工业往往过度发展，市场体系从事的城市服务、卫生保健、交通设施等部门发展迟缓，致使城市服务设施落后，环境污染严重。

加尔布雷思认定，“市场体系”与“计划体系”之对立，尤其是两种体系权力的不平等，正是美国现代社会的基本冲突和一切弊病产生的根源。例如，资本主义经济中的滞胀就同“二元体系”有关，因为“计划体系”中的掌权者是技术结构阶层，他们为了谋求公司的稳定增长，往往会向工会妥协，满足工人提高工资的要求。然后，他们又会将工资推动成本上升的部分通过价格转嫁出去。工人又会因消费品价格的提高而再次要求提高工资，从而形成工资与价格的螺旋式推动。这种情况如果遇上经济不景气，那么，滞胀就不可避免地发生了。

为了消除“二元体系”这一病根，加尔布雷思要求公众和政府支持“市场体系”，并建议采取各种措施，提高它们的地位和权力，同时削弱和抑制“计划体系”的权力。为此，他提出了解决“二元体系”问题的一套社会改革方案。这一方案后来被人们称之为“结构改革”。“结构改革”的主旨是消除“二元体系”的不平等，使资本主义经济达到更和谐的发展。其措施包括：第一，限制“计划体系”的权力，扩大“市场体系”的权力。如以大垄断企业为对象制定“反托拉斯法案”，而中小企业则可以不受该法案的限制；“市场体系”可以联合起来稳定价格、协议产量而与“计划体系”相抗衡。第二，政府对那些难以通过共同行动来稳定价

格，从而保证自己利益的行业，应直接进行价格管理。如通过对农产品价格进行管理以稳定和刺激农业生产。第三，政府应更多地支持“市场体系”在教育、资本和技术方面的需求。第四，对两个体系间工人的收入实行均等化措施。由于“计划体系”可以把因工资提高而引起成本上升的部分转嫁出去，包括转嫁给购买其产品和劳务的中小企业，而中小企业却不能转嫁，只有设法压低工人工资，因而便造成了两大体系在收入上的强烈反差。对此，他认为，解决的方法有两个：一是大幅度提高最低工资的限度，使“市场体系”的雇主只能在这一限度之上雇工；二是鼓励“市场体系”的工人成立工会，以增强他们与雇主谈判的地位。

加尔布雷思宣称，经过上述改革就可以实现他所谓的“新社会主义”。在“新社会主义”之下，大公司的权力受到限制，政府不再被大公司所掌握，中小企业的地位得到改善，同时，“公共目标”也被重新重视起来，个人的生活福利得到保障，医疗保健事业有很大发展，环境卫生和住宅条件得到改善，文教艺术事业也不断取得进步。但加尔布雷思不主张通过任何革命行动来实现“新社会主义”的蓝图，而是把希望寄托在议会制度和“明智的、有公益心”的政府首脑之上，因此，加尔布雷思的这一“设想”，通常也被称作“社会乌托邦”。

混合经济论

●林德伯克指出，传统的西方市场经济制度和社会主义计划经济制度都不理想，理想的社会经济制度应该是计划和市场有机结合的“混合经济”制度，该制度的实质就是为了寻求集权和分权的最佳组合。

如果把“舒适”和“安全”作为评价一国国民生活幸福与否的指标，那么，排行榜上的冠军一定非瑞典莫属。在西方人的眼中，瑞典是一片令人神往的“乐土”，这不仅因为它宝贵的资源和优美的风光，更重要的是，只要拥有瑞典国籍，你就可以享受政府提供的那一整套“从摇篮到坟墓”的福利保障计划，这为该国赢得了“福利国家的橱窗”之美誉。但对于世界各国的政府和经济学家来说，最感兴趣的还不是这个北欧发达小国的福利政策，而是它独特的经济发展模式。二战后，瑞典选择了一种既不同于传统的资本主义制度，也不同于社会主义制度的经济发展模式，经济学界称之为“第三条道路”。为何它会选择走这条与众不同的道路呢？这与瑞典经济学家林德伯克有着很大的关系。

瑞典经济学家们大都热心于从事社会改革活动，林德伯克也不例外。

他利用其瑞典中央银行顾问和斯德哥尔摩大学国际经济研究所所长的双重身份，积极影响和参与国家经济政策的制定。他所提出的“混合经济”理论，对瑞典政府设计本国的经济发展道路提供了新颖的思路。

林德伯克将现代国家的经济制度区分为三种模式：一种是以中央计划体制为主体的集权经济模式，另一种是以市场体制为主体的分权经济模式，第三种是介于集权与分权之间的混合经济模式。这三种模式各有自己的特点：在所有制方面，集权模式以公有制为主体，分权模式以私有制为重心，混合经济模式则介于二者之间，实行“公”私混合的所有制结构；在运行机制方面，集权经济偏重于行政性计划管理，分权经济偏重于市场制度，混合经济模式介于二者之间，略偏于市场制度，实行计划与市场的“有机结合”；在国家性质方面，集权模式多是社会主义，分权模式多为资本主义，而混合经济模式则兼有资本主义与社会主义两种因素。

在林德伯克的思维中，单纯的集权经济模式和单纯的分权经济模式都有其难以克服的弊端：一方面，实行没有市场调节的中央计划机制会造成社会资源配置不当、投入产出不能均衡、经济缺乏活力、效率低下等一连串的经济病症；而且，由于计划调节灵活度不够，因此社会极易出现商品短缺、卖方控制市场、供应票证泛滥成灾等现象；同时，单一的公有制也容易产生大规模的特权阶层和官僚主义，并使群众的首创精神受到压制；层次重叠的金字塔式的等级制，使上层决策者没有时间和精力来考虑下层中存在的许多问题，也无法吸取下层符合实际情况的真知灼见。因此，中央集中计划只能补充而不能代替市场机制的作用。从另一方面来看，没有中央计划指导的纯粹市场经济，也解决不了交流情报、配置资源和协调决策的问题。因为纯粹市场经济，经济行为主体只从个人利益出发，追求各自的利益，而不考虑个人行为的结果给社会经济带来的后果，此外，个人经济行为往往具有盲目性，常常导致社会各部门经济的运作不协调，所以，在纯粹市场经济下，尽管某一时期经济效率可能会显著提高，但经济动荡不定的事情却必然时常发生。

由此可见，传统的西方市场经济制度和社会主义计划经济制度都不理想，理想的社会经济制度应该是计划和市场有机结合的“混合经济”结构。而“混合经济”制度的实质就是为了寻求集权和分权的最佳组合。林德伯克认为，之所以需要实施集权制，是因为在某些重要的经济活动领域，如国民统计方面的情报，集权机构就比个人和企业更易于收集；某些生产技术和管理方法在集中制度下也易于推广；个人决策所产生的外在化问题，如现代化生产所造成的自然环境和人工环境的污染，以及公共设施的建设等，也只有中央集权机构才能加以处理；个人收入和社会财富的分配，宏观经济的协调和长远目标的推进，也要求对经济政策作集中规划和实施。但是，过度的集权又往往会抑制微观企业积极性的发挥。所以，必须同时注重分权制的实施，即将决策权分散到个人和企业，并在企业内部再度分散，实施决策民主参与制。这是因为，偏好、技术和市场关系等等类似的经济知识和情报，极其零碎地分散在公众当中，很难收集和集中，其转移和交流也十分困难。同时，由于分散决策效应的直接感受者是决策者本人，因此，他们易于而且乐于及时调整不正确的决策。可见，集权制所不具备的优势正是分权制所能发挥出来的。这样，林德伯克得出结论：在现代发达经济中，中央计划经济离不开市场机制的调节，而市场经济也离不开中央计划的指导，因此有必要把计划经济与市场经济“有机结合”起来，实现集权和分权的最佳匹配。

如何才能做到集权和分权的最佳匹配呢？林德伯克从体制功能和结构角度给予了解释。他认为，一个社会要达到资源的优化配置、经济稳定和有效地运行，必须解决好这样几个方面的问题：一是充分了解社会消费偏好；二是根据社会消费偏好在各生产部门配置资源；三是协调生产企业和居民用户的决策，使生产与需要之间建立起联系，力求达到二者相符。当然，解决这样几个环节的问题，现实中有两种基本方式：一种是市场机制，另一种是中央计划机制。但中央计划方式即使拥有电子计算机等现代化手段也难于妥善解决以上问题。这是因为：第一，情报资料不完善，情报经过层层行政机构“过滤”后不是走样，就是已经过时，即使用计算机也会由于其功能有限而难于承担如此大量的信息处理；第二，计划往往比较呆滞，不能灵活地适应社会需求变化；第三，中央上层决策与下层决策出发点不同，上层决策又难于考虑下层决策中有益的成分。市场机制又行不行呢？也不行。因为基层企业决策依据的情报往往不全面，有时只能依靠推测，因而企业决策带有很大的盲目性，根本无法保证国民经济均衡协调的发展。只有计划机制与市场机制有机结合的“混合经济”制度，才可能妥善地解决好上述几个方面的问题，实现集权与分权的最佳组合。

林德伯克的这一思想不仅在瑞典得到了彻底的实施，而且在整个北欧都得到了相当程度的推行，甚至世界上众多国家经济制度的调整也或多或少地受其影响，如一些社会主义国家在中央计划经济中引入了市场调节，战后美国、日本等国家经济繁荣的出现也得益于在市场经济的基础上引入了计划机制，而越来越多的资本主义国家专心于指导性中央计划的制定更是反映了这一不可阻挡的“结合”趋势。

诺斯的制度变迁理论

●制度之所以会变迁，是因为推动制度变迁可以给推动者带来好处，并且带来的好处在抵补了相应的成本之后还有余。

1973 年，对从事经济史研究的人来说，是个无法忘记的年份。这一年，美国经济学家道格拉斯·诺斯出版了《西方世界的兴起》一书，在西方经济学界引起强烈反响。该书与其说是一部经济学的著作，不如说是一部洋洋洒洒、高屋建瓴的史论。作者在书中一改经济史研究单纯收集和整理史料的传统，成功地使用经济学的分析方法，对历史作了全新的解释，得出了一系列发人深省的结论，不仅为经济史提供了新的研究工具，也为经济学开辟了新的研究领域。诺斯因此而荣膺 1993 年诺贝尔经济学奖，他所创立的制度变迁理论也随之在经济史学界独领风骚、享誉全球。

在诺斯的眼中，制度是个比较宽泛的概念，简单地讲，它是一系列社会规则，用于约束人的行为，调整人与人之间的利益关系。有些制度是成文的，并且有专门的权力机构来保证实施，被称为正式的制度，如法律、政府法令、公司章程、商业合同等等。一些文化的东西，如习俗、传统、道德伦理、意识形态等，也是制度的一个组成部分，即所谓的非正式制度，它们同样是制约人际关系，调整人的行为的一种规则。可以设想，在鲁宾逊的荒岛上，如果没有星期五的出现，就不会有人际关系，也就不需要什么制度，因此，制度之所以存在，首先是因为社会由许多人组成。既然由许多人组成，人与人之间就得相互来往、竞争或者合作，一句话就会发生关系，用一个经济学的术语来说，就得产生“交易”。比如说一座图书馆，它刚刚建好，还没有来得及制定任何规则，就对外开放了。晚上你去那里看书，可能会有另外两个人在聊天，影响了你学习的效果。在这种情况下，你可以与他们两人协商，让他们保持安静，这就是一个交易的过程，你支付了一定的交易成本，比如时间和精力，换取了一个较好的学习环境。假设你每晚在看书之前，都得与别人协商，交易的成本无疑是很高的，如果图书馆里有几百个人都在讲话，协商可能要花费整整一个晚上，你根本没有时间看书，这种成本你就无力支付了。也就是说，在这种情况下，用协商来调节人们之间的利益关系，已经得不偿失了。那么，有没有一种更好的调节办法呢？有，那就是制定一个制度，规定在图书馆里应保持安静，用这个制度来代替协商，从而节约交易成本。因此，从经济学的角度来看，制度源于对交易成本的节约。

从总体上说，制度是相对稳定的，但也不是一成不变，它难免会出现一些渐进式的调整，或者干脆被一种新的制度所取代，这就是所谓的制度变迁。那么，制度为什么会变迁呢？因为在某种条件下，推动制度变迁会给推动者带来好处，这一点与技术进步是相似的。大家都知道，联产承包责任制发端于安徽凤阳的小岗村，当时的小岗村，吃粮靠返销，生活靠救济，花钱靠贷款，是个有名的“三靠村”。直到1976年，全村的年人均收入仍不足22元，村里的18户居民，住的都是破草房，而且，只有7户有门，其余11户只好用高粱秆涂上牛粪做大门，有的人家，来了亲戚得借碗吃饭，折两根高粱秆当筷子用，可以说，已经穷到了极点。乡亲们感到再也混不下去了，于是便聚集在一起，定了这样一个合同："从现在起，我们分田到户，家家户户签字盖章，如果以后（分田到户）能干，每户保证全年应上缴的公粮，如不成，我们干部坐牢杀头也甘心，大家保证把我们的孩子养到18岁。"当这18户农民含着眼泪，在合同上按下他们鲜红手印的时候，他们没有意识到，他们在创造着新的历史，他们在推动着制度的变迁。这个合同作为历史的见证，后来被中国历史博物馆收藏了起来，这自然是后话。在当初小岗村，乡亲们之所以冒着坐牢杀头的危险，决定分田到户，绝不是因为他们想当创造历史的英雄，更不是因为他们想实践诺斯的制度变迁理论，而是因为，分田到户可以给他们带来好处，具体地说，就是多打粮食，让他们填饱肚子。

一种比较理性的制度变迁之所以发生，归根到底是因为推动变迁有利可图，但促成变迁的具体因素是很多的，资源状况的变动就经常被人们所提及。我们可以设想，在人多地少的情况下，地租通常是很高的，反之，如果地广人稀，则会对租种土地的人相对有利一些。这种对比有助于解释，为什么在瘟疫和战争大规模地减少了人口以后，历史上经常会出现"休养生息"的政策。另外，技术创新也是促成制度变迁的主要因素。比如指南针曾推动了航海贸易的发展，而航海贸易所需要的资金量很大，一个家庭通常承担不了，于是，在17世纪的荷兰，就出现了一种叫"康门达"（commenda）的贸易组织。这个组织的成员共同签署一个合同，并根据合同将自己的金钱托付给其中的一个签约人，让他去开展贸易，远航结束后结账，并分享贸易利润。这里的"康门达"，后来演变成一种很有生命力的企业制度——股份公司。可以毫不夸张地讲，人类工业文明的历史，就是股份公司创造的。

诺斯是一位严谨而又务实的学者，他不仅解释了制度变迁的原因，而且通过对公元900—1700年西方经济史的考察，总结了制度变迁的经济含

义：有些变迁推动了经济的增长，有些则阻碍了经济的增长，但不论是推动还是阻碍，其影响都是非常重大的。而这一点，正是制度变迁理论和传统经济增长理论的重要分野。在传统的增长理论中，找不到制度因素的位置，因此，它虽然罗列了影响经济增长的诸多因素，如投资、技术、劳动力的受教育程度等等，但却未能说明增长的最终原因。比如，是什么因素促成了投资的变化？两个国家，或者一个国家两个不同的时期，技术创新的速度为什么会有差别？用奥尔森的话来说："它们追溯到江河源头的小溪和湖泊，但没有解释注入这些源头的雨水是怎么形成的。同时，它们也没有说明通往江河的渠道是如何被堵塞的。从这个意义上说，诺斯教授令人信服地引入制度因素，无疑是革命性的。"

产权问题与“科斯定理”

●科斯宣称，只要通信、谈判、签约、保证等等交易费用为零，政府明确界定产权，然后听任有关各方在市场上自由地进行交易（或协商），那么自由的市场机制便能导出最有效率的结果。

在当今国际顶尖级经济学家中，惟有美国芝加哥大学罗纳德·科斯教授的成就能同时征服整个经济学界和法学界。虽然与那些著述丰厚的学者相比，科斯谈不上“硕果累累”，终其一生，他只发表过18篇文章，然而正是这18篇文章中的两篇：《企业的性质》及《社会成本问题》，为他赢得了国际声誉：1991年，瑞典皇家科学院把诺贝尔经济学奖的桂冠授予了他，表彰他对产权问题研究的重要贡献。

科斯教授产权理论的核心，就是用他的名字命名的“科斯定理”。那么，何为“科斯定理”？让我们先来看一个经常发生在我们身边的例子：一个工厂在给社会创造财富的同时，也带来了环境污染，它的烟囱每天冒出滚滚的黑烟，使得5户居住于工厂附近的居民深受其害，他们晒在外面的衣服经常被熏得又臭又脏，如果按照最低损失计算，每户人家起码损失了75元，从而5户的损失总共为375元。5户居民对此非常不满，他们联名请求，呼吁政府出面干预，那么，政府此时应采取何种对策呢？

在科斯之前，英国经济学家庇古曾提出过解决此类问题的方案。庇古最早注意到经济生活中的外部影响问题，即一个经济主体的活动对其他经济主体带来的利益或损失。如果带来利益，则叫做“外部经济性”；如带来损失，则叫做“外部非经济性”。前者的标准例子是果园旁边的蜜蜂养殖场，蜜蜂在果园里四处飞舞采集花蜜，不仅使养殖者得到收益，而且也为果树传播了花粉，从而提高了果园的产量。后者的标准例子是沿着同条河建立的化工厂与养渔场，化工厂排放的废水给河流带来了污染，使下游的养渔场产量下降。因此，化工厂给养渔场带来了损失，产生了外部非经济性，而且化工厂的产量越大，给养渔场带来的外部非经济性亦越大。庇古认为，外部影响的产生来自于私人效益与社会效益、私人成本与社会成本的差异。而从社会的角度，要使整个社会的资源配置达到最优即最有效率的状态，就必须令市场价格等于社会成本，否则就会使产品的生产量低于或高于最适水平。因此，在外部经济性的情况下，国家应给予当事人（如蜜蜂养殖者）津贴，使私人效益与社会效益相等，以鼓励其发展；相反，在外部非经济性的情况下，国家应对当事人（如化工厂）课以税赋，使私人成本与社会成本相等，以抑制其发展。这就是西方传统的关于解决经济活动的外部影响特别是污染问题的“庇古方案”。

但科斯教授并不认为这种分析问题的方式和解决污染的方案就是最好的。用我们开始所举的例子来说，既然工厂烟囱放出的黑烟使5户居民总共损失了375元，那么，按照庇古的方案，国家就应该对工厂征收375元的税款，以便补偿居民晒衣服的损失。但是，这并不是一个最优方案，假定现在还有两个解决污染问题的办法：一是给每户居民提供一台价值50元的烘干机，使他们不需要去晒衣服，则购买5台烘干机的总费用为250元。二是在工厂的烟囱上安装一台除尘器，其费用为150元。显然，从治理污染所付出的成本来看，这两种方案都比庇古方案节约，因此，政府对造成污染的人征税或对受到损失的人进行补贴并不是最好的方法，最好的办法应该是成本最低，资源浪费最少的办法。在上述例子中，给工厂烟囱上安装除尘器无疑是最有效率的解决方案。

政府用什么方法才能让安装除尘器这个理想结果得以实现呢？科斯教授指出，其实很简单，政府既不必去亲力亲为，也不必去硬性要求当事人，只要你在法律上把经济物品的产权，即物品的使用、处置和收益权界定清楚，那么，无论给工厂排放烟尘的权利，还是给予5户居民晒衣服不受烟尘污染的权利，只要工厂与5户居民在有关治理办法上的协商费用为零，那么，双方进行自由选择的结果必然是在烟囱上安装除尘器。

为什么会如此？因为，如果把排放烟尘的产权给予工厂，即工厂有权排放烟尘，那么，5户居民便会联合起来，共同给工厂安装一台除尘器，因为除尘器的费用低于5台烘干机，更低于晒衣服受到的损失。如果把晒衣服不受烟尘之害的产权给予5户居民，那么，工厂便会自动给自己安装除尘器，因为在居民具有不受污染之害的权利下，工厂有责任解决污染问题，而在两种解决办法中，安装除尘器的费用较低。因此，科斯宣称，只要通信、谈判、签约、保证等等交易费用为零，政府明确界定产权，然后听任有关各方在市场上自由地进行交易（或协商），那么，自由的市场机制便能导出最有效率的结果。这一结论，就是“科斯定理”的全部内涵。

尽管科斯定理已经得到西方经济学界乃至社会各界的普遍认同，但它的应用价值近年来却不断受到人们的怀疑与挑战。因为现实生活中的交易（协商）费用根本不可能为零。这个假设条件不成立，科斯定理所预期的最有效率的后果当然不会在现实中出现。即便是交易费用为零，社会上存在的自私自利、投机钻营、搭便车等“策略性行为”，也会使科斯定理所指出的最优状态难以实现。这些疑问，都值得人们在研究产权问题时予以特别注意。

市场法则何以失灵

● 当市场的一方无法观测和监督另一方的行动，或无法获知另一方行动的完全信息，亦或观测、监督或获取情报的成本高昂时，那么，就产生了“信息不对称”问题。

李先生准备买一辆二手车，但在旧车市场上，他无法判断出车的优劣，因为所有的车主都用油漆把生锈的旧车喷得光亮，并声称自己的车是最好的。李先生知道这个市场上的优质车和劣质车各占一半，而且劣质车的主人愿意以200元的价格脱手，而优质车的最低卖价为400元。在车的质量不确定的情况下，为了规避风险，李先生最多只愿意支付车的平均价值即300元。然而，谁愿意在300元以下的价格出售旧车呢？肯定不是优质车的车主——他们至少开价400元。这样，只有劣质车才会被出售。于是，交易的结果对需要优质车的李先生和想脱手优质车的卖主都不利，正常的市场遭到了破坏：李先生没有买到称心如意的优质车，而优质车的卖主也做不成买卖，最终，优质车的提供者不得不退出市场，劣质车成功地取而代之成为了市场的主角。对这种“劣品驱逐优品”的现象，人们只得感叹：“优胜劣汰”的市场法则失灵了！

市场法则何以会失灵？问题就出在买者和卖者对有关产品质量信息的把握不对称上。卖者知道车的真实情况，买者不知道，因而买者只愿根据平均质量支付价格，这样一来，质量高于平均水平的卖者就会退出交易，结果市场上只有低质量的次品成交，这就是“信息不对称”给市场带来了风险和不良后果。

当市场的一方无法观测和监督另一方的行动，或无法获知另一方行动的完全信息，亦或观测、监督或获取情报的成本高昂时，那么，就产生了“信息不对称”问题。奥地利经济学家米塞斯对不可观测行为和隐藏信息的问题作了最早的阐述，但直到20世纪40年代后，以美国的施蒂格列兹、莫里斯和格雷斯曼等为代表的经济学家们才完整地提出了一些模型，用以说明和解释“信息不对称”的问题。在他们看来，信息不对称的情况几乎存在于所有人类活动的领域，如保险公司监督不了投保人的防盗措施，地主无法了解佃农的勤奋程度，雇主不清楚雇员的工作能力，债权人无从得知债务的项目风险，股东不知道经理是否在努力工作，中央政府不能肯定地方官员所报绩效的真实性，等等。当市场活动中“信息不对称”的情况发生时，如下的两种结果就不可避免，一种是知情者作出的“败德行为”，另一种是不知情者不得不为知情者的行为承担风险，从而使自己面临交易中的“不利选择”。

以保险行业为例：买了医疗保险的人会让医生多开一些不必要的贵重药品；买了财产盗窃险的人不愿花钱装加固锁；买了火灾险的大楼主人不再费心查看每层楼的灭火设备是否完好周全；买了汽车险的人不再好好保养自己的私车；买了失业保险的人不急于寻找工作；而买了就业保险的人不愿卖力干活，等等。所有这些行为都被称作“败德行为”或曰“道德公害”。

而败德行为给保险公司的利益带来了什么影响呢？说到底，它们改变了损失发生的概率。在没有保险之前，某城市的汽车被盗率为1%，保险公司开办了汽车偷盗保险业务，确定其保险费率等于或略高于案发率。但是，投了保的主人不再那么谨慎，经常忘了上锁以及随便停车等。同时，小偷也知道车主不再那么在乎车辆被盗，愈加猖獗活动，于是该城市汽车偷盗案直线上升，被盗概率上升到1/10或者更高，保险公司不得不为此支付比预计多得多的赔偿费，而这却是保险公司开办此项业务时未曾料到的。

由于保险公司不可能对每一个投保人的行动进行督察，或者说无力支付了解这些信息所需要的成本，因此，保险公司不得不为投保人“隐藏的行为或信息”付出沉重的代价，这就是保险公司必须直面的“不利选择”问题。因为投保人十分清楚自己的风险，而保险公司却不知道，因此，在保险市场上，风险大的人愿意投保（他们实际上也是最有可能得到赔偿的人），而风险小的人则不愿意参加保险。比如年轻的、身体强壮的人选择健康保险的几率会很少，而年老的、身体衰弱的人投此保项的积极性却很高。但是，保险公司在制定保费时，却是根据自己事先调查的整个城市人口的“平均损失率”来确定的，然而，这种统一费率会使保险公司破产！因为大部分客户来自风险高的人群，所以，保险公司的赔偿概率将大大超过它事先统计的总体损失发生概率。这样，“信息不对称”使保险公司在它与客户之间“选择”了“不利”的地位。

这就是经济活动中无所不在的难题：由于“私有信息”无法被他方确知和验证，或者“隐藏行为”不能被对方观测和监督，从而使具有信息优势的一方易于产生“败德行为”，而处于信息劣势的一方被迫面临“不利选择”，不得不承担双方交易的全部风险。“信息不对称”产生的后果，就是令不知情者的决策和利益目标难以实现。

那么，如何对付“信息不对称”引起的“败德行为”与“不利选择”

呢?

经济学家们为此建立了解决该问题的“委托—代理模型”。在这里,拥有私人信息的交易方是“代理人”,不拥有私人信息的交易方是“委托人”。简单地说,知情者是代理人,不知情者是委托人。委托人的问题,是如何根据自己观测到的有限信息来制定最优契约,或设计最佳机制,以此奖惩代理人,诱使代理人从自身出发选择对委托人最有利的行动。这种试图通过诱导代理人选择委托人所希望的行动的过程,便是激励。“委托—代理模型”的核心,也就是建立有效的激励和约束机制。比如出租汽车公司,公司老板是委托人,而出租汽车司机是代理人,由于委托人无从得知公司收入下降是因为司机偷懒还是生意清淡,故而一般不应对出租车司机实行计时工资制,有效的激励机制应该是,对出租车司机采用固定租金制,即规定司机每月必须向公司上交一定数量的租金。再如农民的联产承包制、装配工业的计件工资、经理人员的年薪制、雇员的效率工资等等,都是人们为解决“信息不对称”问题而设计的各种激励机制。

合理预期假说

●人们在对经济形势进行判断时，总会尽力地获取最完全的信息，并利用一切可用的统计、历史、逻辑以及经济变量之间的因果关系等知识，经过周密的思考和冷静的分析，最后作出对未来经济情况的预测。由于这种预期能够完全符合未来将会发生的经济活动的事实，所以，经济学家称此为“理性预期”。

1980年，美国著名的经济学家萨缪尔森，在其《经济学》第11版中，对20世纪70年代末西方经济论战的新动向作了一个引人注目的提示：过去，经济论战只是在货币主义和后凯恩斯主义两个学派之间进行，但现在，论战却是在三派之间进行了。这突然闯入的第三派，就是从货币主义学派中分离出来的理性预期学派。

70年代末，美国芝加哥大学的年轻教授罗伯特·小卢卡斯崭露头角。人们正在猜测他是否可能成为弗里德曼的学术继承人时，他却与美国明尼苏达大学的托马斯·萨詹特、尼尔·华莱士及一些年轻学者一起，树起了

“理性预期学派”的旗帜。

所谓“预期”，就是指对未来的预测。从经济学的角度讲，从事经济活动的人为了自己的利益，总是要先对未来经济形势的变化作出估计和判断，然后再决定自己如何行动，这种行为即是预期行为。

西方经济学十分重视研究人的预期行为。在凯恩斯的经济理论中，厂商和消费者的预期对经济的影响，就是他就业理论不可缺少的有机组成部分。但是，凯恩斯所论述的预期，只是人们对未来经济形势的主观估计和预测，而这种估计和预测通常是不可靠、不确定的，甚至由于人的情绪的突然波动，盲目乐观可以瞬时变为盲目悲观。因此，凯恩斯把这种预期因素，看成是经济不稳定，甚至周期波动的原因之一。

货币学派在论述自然失业率及通货膨胀问题时，也很重视人的预期行为，并用人们对未来经济活动变化的预期，来说明动态经济一定可以趋于稳定。但是他们所说的预期，也是指人们在没有足够信息的基础上，“骑驴看唱本，走着瞧”，随时准备着修改自己对未来前景的看法和计划，以适应物价等经济形势的变动。因此，这种预期只能叫做“适应性预期”，而不能说是理性预期。

而理性预期学派所指的预期，却有一个大的前提，即参与经济活动的主体都是具有完全理性的、明智的，以追求利益最大化为目的的所谓“经济人”，因此他们在对经济形势进行判断时，就一定会尽力地获取最完全的信息，在充分掌握经济信息的基础上，主动地利用一切可用的统计、历史、逻辑以及经济变量之间的因果关系等知识，经过周密的思考和冷静的分析，最后作出对未来经济情况的预测。而这种预期能够完全符合未来将会发生的经济活动的事实，所以，经济学家称此为“理性预期”。

预期概念大前提的变化，在西方经济学界引起了极大的震动。一些人将该理论的出现称为“预期革命”；也有不少人将此看做是西方经济学说史上的“第六次革命”。而这个新参战的第三者在经济论战中，究竟有哪些独到的见解惊动了整个西方经济学界呢？

在小卢卡斯等年轻学者看来，斯密的“经济人”像幽灵一样，仍然主宰着人类的一切经济活动。为了私人利益，经济人在进入市场之前，已经对市场情况进行了充分的了解和研究。由于这些人的决策是经过深思熟虑的，因而不会轻易改变，这样，政府准备采取什么行动，往往在尚未实行时，公众就已了如指掌，并采取了预防性措施。因此，政府在财政、货币政策上无论怎么花样翻新，在人们的理性预期面前都会失效，人们绝不会在困惑中仓促决策。也许突然颁布的新政策，由于以前从来没有这样做过，会出乎人们预料，他们也可能上当受骗，使政府暂时达到某种政策目标。但是，公众会“吃一堑，长一智”，第一次错了，第二次绝不会再错，从而使国家干预的预期效果被抵消掉。所以，小卢卡斯等人在经济学界已经习惯于倾听“政府干预”的好处时，向他们发出了这样的疑问：政府究竟有多大作为？

这个问题是严肃的。试想一想，政府对经济进行干预，用扩大政府支出、增加货币供应、促进经济增长的办法，来企图降低失业率，行得通吗？小卢卡斯的观点是，由于公众对未来的经济变动已经有了理性的预期，因此，必然会形成“上有政策，下有对策”的局面，比如在物价上涨之前，他们出于自身利益，就会把货币工资提高，或在放款之前先把利息率提高。这样，政府的上述政策在如此抵制下，既不能促进经济增长，也无法减少失业，反而追加的货币只会导致更大幅度的物价上涨。如果说，货币学派还勉强承认在人们的适应性预期没有跟上来之前，凯恩斯的干预政策在短期内还会起一些作用，那么，在理性预期学派那里，凯恩斯的政策连暂时的刺激作用也没有，在明智的经济人面前，政府的反危机措施一律无效。

合理预期学派出现之前，在对宏观经济进行总量分析的诸学派笔下，政府都具有垄断者的权力，一国之中，似乎没有什么经济力量能与之相对抗。但理性预期被引入经济学之后，在宏观经济学研究的主体——国家或政府面前，却出现了一个个的抗衡者。每个抗衡者看起来都不像政府那样吓人，但是为了自身的利益都十分明智和理性。他们是单独行动的，可是他们的行为却会产生共同的、力大无穷的效果。他们掌握的信息不比政府少，他们预期的合理程度也不比政府差，政府的所有意图他们都能预测到，防范的措施往往走在政府动手之前。而且，企业主和劳动者之间、企业主和企业主之间、债权人和债务人之间，也都要根据合理预期进行高水平的竞争。所有这一切都将产生一种意料不到的共同效果，使政府干预劳而无功。

既然政府不能有什么作为，那么在经济生活中政府应当怎样行事呢？合理预期学派根据以上命题，提出了与凯恩斯主义和货币主义迥异的政策主张：市场比任何模型都更聪明。政府对经济应当不进行任何干预，让市场去自行调节。政府的主要任务就是制定一些永恒不变的规则，比如固定的货币供应量的年增长率，能使预算平衡的税率等等，为经济提供一个稳定的、可以预测的环境，以此取信于民，消除“人人预防，人人自保”的信任危机。只有公众解除了防范心理，不再与政府相对抗，经济自然就会趋于稳定。

弗里德曼的经济自由主义思想早已在西方经济学界驰名。他只主张政府采取“单一规则”的货币供应量的调节政策，除此之外，政府尽可以放手。然而，理性预期学派却强调人的预期对国家干预政策的抵消作用，主张推行更为彻底的不干预主义。正因为如此，所以西方经济学界说他们“比弗里德曼还弗里德曼”。

经理革命

●伴随着企业规模的扩大和经营管理的日益复杂化，专职的经理人员凭借自己的经营才能，逐步取代了企业的所有者，掌握了企业内部的高层决策权。

在公司制企业出现以前，大多数企业的规模都是很小的，经济学家一般将它们归结为两类，一类是业主制企业，另一类是合伙制企业。如果将市场比作一个宽阔的海洋，这两类企业只能算是浮在海面的扁舟，借助于它们，人类也可以下海打鱼，只是很容易被海浪打翻。与这些“扁舟”相比，公司制企业尽管出现得较晚，但无疑应该算“大船”，今天的跨国公司则是当之无愧的“航空母舰”。19 世纪中期以后，伴随着科学技术的进步和世界市场的扩大，公司制企业迅速发展，经营和管理企业，开始成为一种专门的职业。于是，一个专职的经理队伍逐步登上了历史的舞台，它们凭借自己的经营才能，参与企业的决策，成了指挥企业在市场竞争中搏击风雨的“船长”，美国经济学家小阿尔弗雷德·钱德勒称，这是一场“经理人员革命”。

业主制企业这个名称可能有点绕口，但业主制企业在我们的日常生活中却经常遇到，如杂货店、小饭馆、洗衣房等等。这类企业的数量很多但

规模不大，一般以一家一户为单位，大都是些“夫妻店”，老板既是企业的经营者，又是企业的员工。有时候，业主制企业需要扩大经营规模，但一个家庭拿不出足够的钱，这时就得邀请其他人“加盟”，于是业主制企业也就变成了合伙制企业。合伙制取代业主制无疑是一种进步，但它本身也有两个致命的缺陷：第一，每个合伙人都是老板，都有权利对外签约，彼此之间很难协调，常常会陷入群龙无首的状态；第二，任何一个人签约不慎，导致经营失败，企业赔了钱，所有的合伙人都得用家产弥补。这就要求合伙人之间必须要知根知底、非常了解，而且合伙人不能太多，否则，七嘴八舌，企业就没办法经营了。因此，合伙制企业规模仍然是很小的，难以适应社会化大生产的要求。15 世纪哥伦布发现新大陆以后，航海贸易有了很大的发展，但航海贸易所需要的资金量很大，单个家庭或少数几个人根本承担不了，于是，在当时的荷兰，就出现了一种叫“康门达”的贸易组织。这个组织的成员共同签署一个合同，并根据合同将自己的金钱托付给其中一个签约人，让他去独立开展贸易，远航结束后结账，并分享贸易利润。这里的“康门达”，后来就演变成了现代企业的组织形式——股份公司。

19 世纪铁路运输业的兴起，为股份公司迎来了一个快速发展的时期，同时也将一批经理人员推上了历史的大舞台。在这个过程中，有两个因素发挥了关键性的作用：其一，与航海贸易相比，兴建铁路需要的资金规模更大，必须通过资本市场，向全社会筹集。这样一来，就使得企业的股权非常分散，股东人数很多，而且分布范围很广，从而给股东直接管理企业带来了困难。其二，铁路管理需要专门的技术和训练。当时的管理人员，像麦卡勒姆、汤姆森等人，都是具有铁路和桥梁修建经验的土木工程师，与企业的股东相比，他们在知识和管理经验方面占有明显的优势，股东要想提出方案和建议、干预管理人员的工作，就比较困难了。这样，一方面

是股权的分散，另一方面是铁路管理要求专门的技术，这两个方面作用的结果，就是企业所有权和管理权的分离。股东是企业的所有者，但不直接参与企业的日常决策，而是把管理权拱手交给了经理人员，管理企业便成了这些支薪经理的专门职业。

有一点需要说明，上面所讲的股份公司，指的是19世纪的公司，那个时代，公司内部规范的管理机制并没有形成，经理人员在公司中的地位，还没有像今天这样用公司章程的方式明确下来。因此，那时经理人员除日常的管理以外，还面临着一种特殊的挑战，就是要致力于企业管理机制的创新，致力于推动经理人员革命的进行。1841年，美国西部铁路的修建和管理，为巩固经理人员的地位提供一个难得的机遇。这条铁路全长只有150英里，但其运输业务非常繁忙，相反的行车每天要交会12次，由于铁路当初是分三段建造的，建成以后也分三段管理，这就造成了彼此之间缺乏协调，并很快引发了一连串的事故。其中最严重的一次发生在1841年10月5日，两辆客车相撞，致使19人伤亡。这场事故引起了美国国会的关注，各界人士强烈要求铁路公司进行管理改革。铁路公司为了增强协调，提高管理效率，便进一步强化了高层经理的权利，任命两名经理来全权负责铁路的日常管理。这样，西部铁路就成了美国第一个完全靠支薪经理来运转的企业。

其他类型的工商企业，也走过了一个与铁路公司类似的演变过程。在早期的业主制或家族企业中，一般都是家族成员把持着高层决策权，只有中层职位，才交给支薪的经理。但随着企业规模的扩大，以及企业管理的日益专门化，单靠家族成员，已经很难在高层管理中发挥作用了。因为财产殷实和收入丰厚，并不能保证富豪家族的每一代都胜任高层管理。事实上，“在美国大型的商业企业中，曾有两代以上的家庭参与其公司管理决策的只有少数几个企业”，更为普遍的情况是，第一代能创业，自然也就

能守业，第二代知道创业的艰辛，也很想把企业管好，而第三代子孙，则往往是玩物丧志，成事不足而“败家”有余了。到1963年，美国最大的200家企业，由某一家族把持的只有5个，甚至在杜邦这样长期被认为是杰出的家族企业中，杜邦家族也已不再作出重要的经验决策了。钱德勒称，这是“经理人员资本主义的兴起和企业主资本主义的衰落的过程”。

经理革命将企业的经营权交给一个支薪的经理阶层，这些人并不持有企业的股份，或仅持有很少的股份，如何才能保证他们最大限度地为股东谋利益呢？目前国际上比较成功的做法是实行年薪制，就是把经理人员的收入与他们的经营业绩挂钩，分档浮动。这方面有一个最为经典的例子，就是美国汽车行业的经营巨子亚科卡。此人曾在克莱斯勒汽车公司濒临倒闭时，受命于危难之中，出任总经理，凭着顽强的意志和超人的胆略，使克莱斯勒东山再起，一跃跻身于美国三大汽车公司之列。亚科卡在克莱斯勒没有丝毫的投资，他为什么如此呕心沥血呢？原因很简单：就是亚科卡如果经营成功，他就可以拿到100万美元的年薪，否则经营不善，随时都有可能被股东解雇。

经济增长与发展理论

刀刃上的增长

● 经济增长要保持长期稳定，就必须满足以下条件：实际增长率 = 有保证的增长率 = 自然增长率

把经济增长作为一个专门的、独立的研究领域，是从英国经济学家哈罗德和美国经济学家多马开始的。在此之前，经济学家还没有给经济增长理论另立门户。

经济增长早就被人们所关注，但增长理论的确立却一波三折。从19世纪下半叶到第二次世界大战前期，西方经济学家恪守着萨伊的信条，即任何人卖是为了买，因此，供给能够自动创造等额的需求，生产过剩的危机永远不会出现，经济的稳定增长可以自动地趋于实现。于是，经济学家们便把眼光转向了微观领域，着重研究资源配置的问题，即怎样把土地、劳动和资本这些有限的生产要素，有效地分配到各种用途上去。这一时期的经济学，被研究经济学说史的专家们称为“新古典经济学”。

新古典经济学的乐观情绪，被1929年的大危机一扫而光。面对着空前严重的失业和经济萧条，人们不得不放弃萨伊的教条，寻找解决危机的新的经济理论。1936年，英国经济学家凯恩斯出版了他著名的《就业、利息和货币通论》一书，提出了一整套克服萧条的理论，对西方经济生活

产生了重大的影响，人称“凯恩斯革命”，宏观经济学应运而生。不过，凯恩斯的理论也有缺憾，他的分析是短期的、静态的。在他的理论世界里，人口、资本和技术都不能变动，事实上，从长期来看，这都是些可变的因素。因此，凯恩斯虽然可以解释短期的经济萧条，但对说明长期的经济增长无能为力。

凯恩斯理论的这个缺憾后来由他的学生——哈罗德给予了弥补。哈罗德早年毕业于牛津大学，后转入剑桥大学，在凯恩斯的指导下从事经济研究，成为凯恩斯的门生。哈罗德不愧是一位出色的学生，他继承了老师的衣钵，又发展了老师的理论，把凯恩斯的分析长期化、动态化，从而开创了经济增长理论的先河。1939 年，哈罗德发表了《论动态理论》一文，对长期的经济增长进行了考察，并在 1948 年出版的《动态经济学导论》一书中，在理论上进一步加以系统化。几乎与此同时，美国经济学教授多马也进行了类似的研究，并建立了一个与哈罗德非常相似的模型，后人将它们合二为一，称哈罗德—多马经济增长模型。

哈罗德和多马的经济增长模型，分别利用不同的假设，试图说明一个共同的问题：什么条件下的经济增长，既能保证充分就业，又不会导致通货膨胀，而且能够长期、稳定地持续下去。为此，他们使用了三个增长率：

实际增长率。实际增长率是经济运行的客观结果，它是两个因素相乘的结果：一个是储蓄率，另一个是投资效果系数。一个国家的国民产出，可以分为两部分，一部分被当前消费掉，另一部分被节省下来，被称为储蓄。储蓄在国民产出中的比重，就是储蓄率。投资效率系数代表着投资的效果，在一个相当长的时期内，可以看做是一个稳定的常数。假设一国的储蓄率是 20%，投资效率系数为 0. 25，则我们可以预计，该国经济的实际增长率是 5%。

有保证的增长率。这一增长率是从凯恩斯的理论引申而来的。在凯恩斯的理论中，经济要实现稳定增长，需要满足一个重要的条件，就是储蓄等于投资。理由是如果储蓄太多，消费不足，企业的产品必然会出现积压，企业就会压缩生产，致使经济走向萧条；反之，如果储蓄不足，消费旺盛，企业的产品就会供不应求，企业就会扩大生产，从而使经济走向高涨；只有储蓄等于投资，企业的生产既不扩大，也不缩小，经济的稳定才是有保证的。在这种情况下实现的经济增长率，就是有保证的增长率。

自然增长率。有保证的增长率强调储蓄和投资的相等，实际上是突出了资金对经济增长的影响，并没有考虑就业和技术进步的作用。自然增长率则是“人口增长和技术进步的范围内所允许达到的增长率”，是适应人口增长和技术进步，实现充分就业所需要达到的增长率。假如一国的人口按1%速度增长，技术进步使劳动生产率按2%的速度增长，该国经济的自然增长率就是3%。

有了以上三个增长率，哈罗德进一步分析了经济稳定增长的条件。首先实际增长率必须等于有保证的增长率。如果不等，必然是经济的不稳定。比如说，实际增长率低于有保证的增长率，这时企业投资的动力减弱，投资额减少，经济必然会走向萧条，而且，经济越萧条，企业的投资越少，从而出现连锁反应，导致实际增长率不断降低。这很像一辆汽车在沙地上行驶，如果低于某一特定的速度，车轮就会陷入沙土中，而且，车速越慢，陷得越深，直到开不动为止。反过来，如果实际增长率高于有保证的增长率，经济就会走向持续高涨，两个增长率之间的差距越来越大。

从长期来看，哈罗德认为，考虑到人口增长和技术进步，只要求实际增长率等于有保证的增长率是不够的，还必须使实际增长率等于自然增长率。理由是，如果实际增长率低于自然增长率，说明投资的增长低于人口的增长和技术进步的速度，从而会造成失业；反之，如果高于自然增长率，就会造成劳动力短缺，机器设备不能充分利用，致使生产能力过剩。因此，经济增长要保持长期稳定，就必须满足以下条件：

实际增长率 = 有保证的增长率 = 自然增长率

这时，既不会出现失业，也没有通货膨胀，而且，储蓄全部转换成投资，资本的积累恰好与人口增长和技术进步的步调相协调。如果这样的情况果真出现了，那将是经济增长的"黄金时代"。

哈罗德为长期稳定的经济增长提出了一个条件——十分苛刻的条件。然而问题在于，满足这个条件的增长路线真的存在吗？如果存在，经济真正沿着这条路线增长的可能性又有多大呢？哈罗德的理论问世以后，人们纷纷提出质疑。罗宾逊指出，哈罗德的理论所描述的"是一个没有历史的世界……也是一个没有政治的世界，在这个世界中，没有利益的冲突……"甚至连哈罗德本人也承认，以上三个增长率之间并没有内在的联系，它们往往是不相等的，相等的情况只是一种"侥幸的偶然"。而且，这种偶然根本不可能稳定下来，一旦出现了细微的背离，与均衡状态的差距就会越来越大。看来，经济长期稳定增长的路线是如此的狭窄，以至于一些经济学家称之为"刀刃"上的增长。

新古典看好未来

●让市场机制充分发挥作用，经济就不是在纤细的钢丝上危险地推进，而是在宽阔、平坦的柏油路上大步前行，长期的稳定是有保证的。

哈罗德认为经济增长就像走钢丝，很难保持长期的稳定。这个结论的确有点可怕，很多人并不接受。特别是二战以后，西方各国普遍开始走出萧条，一些经济学家逐步被复兴的乐观情绪所感染，他们认为，哈罗德的结论过于悲观，依靠市场机制的调节作用，经济可以长期地保持稳定和繁荣。这些人对市场威力如此的信赖，几乎与19世纪以马歇尔为代表的新古典经济学派如出一辙，因此他们的理论，被称为新古典经济增长理论。

新古典经济增长理论是由美国麻省理工学院的索洛在20世纪50年代开创的，由于这方面的突出成就，后来他被授予诺贝尔经济学奖。与哈罗德不同，索洛对长期经济增长持乐观态度，他认为，只要让市场机制充分发挥作用，经济就不是在纤细的钢丝上危险地推进，而是在宽阔、平坦的柏油路上大步前行，长期的稳定是有保证的。在经济增长的过程中，技术进步和资本深化扮演着重要的角色，不仅提高了劳动者的工资，而且避免了利润的降低，因而经济的稳定是一种高水平的稳定，这一点又与马尔萨斯的经济增长观有很大的不同。

这个令人鼓舞的结论是怎样得出的呢？在索洛的增长模型中，有一个和自然增长率类似的概念，叫做均衡增长率，它是由人口的增长速度所决定的（此处我们暂不考虑技术进步），实际增长率如果与之相等，则说明经济增长与人口增长的速度协调一致，因而既可以实现充分就业，又不会因劳动力短缺而造成通货膨胀。这个增长率之所以称得上“均衡”，是因为新古典增长理论认为，长期、稳定的经济增长将保持在这个速度上，即使出现了暂时的偏离，经济系统内部自动的调节力量，也会把它重新拉回到均衡的位置。这个自动的调节力量是什么？是市场机制。如果由于某种原因，使得经济的实际增长率低于均衡增长率，则必然会导致失业，在市场机制的作用下，劳动力供过于求，工资水平就会降低，从而使投资的回报上升，这将刺激企业增加投资，推动经济增长。反过来，如果实际增长率高于均衡增长率，则必然会出现劳动力短缺，工资上涨，投资的回报减少，从而抑制投资，降低经济增长速度，并一直持续到和均衡增长率相等为止。

对经济增长的长期稳定性充满信心，这只是索洛乐观态度的一部分。它的另一部分则是，在经济增长的稳定状态下，工资和利润都能达到较高的水平，这是索洛和古典经济学家的一个重要分歧。

古典经济学也承认经济增长的稳定，问题是，工资和利润将稳定在一个什么样的水平。关于这一点，我们可以从亚当·斯密那里得到一些证据。斯密是古典经济理论的奠基人，1776 年，他出版了著名的《国民财富的性质和原因的研究》一书，简称《国富论》。在这部古典经济学的奠基之作中，斯密写到，经济的增长不会无限制地进行下去，最后，会由于自然资源的匮乏而告终。因为，一个国家一旦将它的土壤、天时和地理位置的潜力充分发挥以后，就无法再前进了，但也不会后退，不过这时的工

资和利润都可能非常低。马尔萨斯则把斯密的悲观论调发挥到了极致，他认为，经济增长的长期均衡，只能维持人类基本生存的需要，人类注定要过着朝不保夕的生活，不要奢望有什么改善。这幅阴暗的景象令人毛骨悚然，以至于卡莱尔批评经济学是“恐怖的科学”。

然而，马尔萨斯的预言毕竟来得太早了，他站在一个即将开始的新时代的门槛上，竟没有意识到奇迹正在酝酿，工业革命正向他走来。在他之后的一个世纪里，产量的增长远远超过了人口的增长，利润并没有降低，而工资却大幅度地提高了。这一切是如何发生的呢？让我们换一个角度，来重温一下新古典的增长理论。索洛注意到，在工业革命之后的一个多世纪里，资本的增长超过了人口的增长，每个工人占有的资本量增加了，也就是说，出现了资本深化。资本深化的例证包括：农业机械和农业灌溉系统的增多，铁路和高速公路的出现，计算机和通信设施的广泛使用。在上述的每一个产业中，社会都投入了大量的资本品，增加了每个工人的资本量，结果是人均产出有了极大的提高，作为这种提高的回报，劳动者的工资大幅度地增长了。

在资本深化的过程中，资本的报酬会发生什么样的变化？如果没有技术的进步，我们可以断言，投资的回报会持续降低，用一个经济学的术语来说，这叫做收益递减，即投资的增多倾向于降低资本的收益。对于收益递减规律，我们不妨这样理解：最有价值的投资项目总是最先实施，越到后来的投资，其价值会越小；当一个完整的商业网点系统在繁华的都市建立起来之后，新的投资只能向城市的郊区扩展，这些投资的收益肯定是降低了。不过，收益递减并不是经济发展的事实，尽管伴随着商业周期，利润有很大的波动，但在20世纪的历史上，利润下降的趋势并没有出现，相反，技术进步却使得同样的投入能够带来更多或更为优良的产出。这样的进步包括核电站、数控机床、杂交水稻等等，现代最引人注目的成就则是电子学和计算机，在这个领域，今天的笔记本电脑比20世纪60年代最先进的计算机工作得更好。所有这些，都极大地改变了周围的世界，于是我们看到，钉马掌的行业没落了，而汽车、电子等一批新兴的产业成长了起来，纵横交错的海底电缆，将整个世界联成了一体，早上醒来，我们可以在国际互联网上读到美国当天的报纸，或者通过通信卫星，看一看香港的电视节目。那些令人眼花缭乱的产品，其性能和质量在不断提高，而售价却日趋下降，这股神奇的力量来自哪里？来自技术进步，人类就是利用它降低了成本，扩大了产出。一句话，技术进步能提高资本的生产能力，遏制收益递减的规律，在报酬递减和技术进步的这场竞争中，我们已经看到，技术至少是取得了暂时的胜利。

索洛是个乐观主义者，他相信，依靠市场的力量，经济增长能够在长期中趋于稳定，而且是稳定在一个较高的水平上。因为资本的深化可以推动工资的提高，而技术进步又会抵消收益递减规律的作用，从而抑制利润的降低。正是基于这样的观点，新古典经济增长理论宣称："不要被哈罗德的结论和马尔萨斯的预言所吓倒，我们应该看好未来。"

新剑桥：鱼和熊掌不可得兼

●新剑桥学派认为，要保持经济长期稳定的增长，政府就必须使用分配政策，调整利润和工资在国民收入中所占的份额。

20世纪30年代，在英国剑桥大学活跃着一个由现代经济学者组成的学术团体，他们在凯恩斯的指导下进行经济研究，被称为“凯恩斯小组”。这个小组的代表人物是罗宾逊和卡尔多。罗宾逊是个凯恩斯主义者，但她稔熟马克思的《资本论》，试图整合凯恩斯与马克思的经济学说，并因此而扬名于世。在迄今为止的经济学史上，垂名史册的著名女经济学家只有两位，一位是罗莎，隶属于马克思主义经济阵营；另一位便是她——在现代经济学家中，惟一闻名世界的女性。卡尔多是罗宾逊的同事，此人是一位少见的双料人物，作为一流的理论家，他的观点得到了当今经济学界的普遍重视，作为一流的政策顾问，他的意见曾为世界各国政府所倾听，并由于这方面的突出贡献，被英国政府授予终生贵族爵位。1956年，罗宾逊和卡尔多联袂创立了他们的经济增长理论，人称新剑桥经济增长理论。

新剑桥经济增长理论有点与众不同，它是从收入分配入手来研究经济增长的。不过，在收入分配这个问题上，罗宾逊和卡尔多对剑桥学派的传统观点不以为然，这一观点的坚持者——马歇尔是剑桥学派的早期代表人物，为了以示区别，人们称罗宾逊和卡尔多为“新剑桥”。新剑桥学派对李嘉图的分配理论倍加推崇，认为产品的价值来源于劳动，工资和利润都是对产品价值的分割，因而工资和利润的对立，也就是资本家和工人的对立。

在开始介绍新剑桥的增长理论之前，让我们先听一段故事。有两个小男孩，是兄弟俩，他们每月从爸爸那里领零花钱，花不完的交给妈妈存着。哥哥生性比较节俭，每月的零花钱总是要存一半；弟弟则喜欢花钱，总是要花掉四分之三。每月领了薪水，爸爸就拿出30元交给小哥俩，哥俩约好，月份逢单数，哥哥得20元，弟弟得10元，月份逢双，则反过来。一年之后，妈妈发现了一个规律，就是每逢哥哥多得钱，哥俩的存款总数就多，为12.5元，而每逢弟弟多得，存款就少，为10元。因此，要保持零花钱不变，而要增加哥俩的存款，就得让节俭的哥哥多得，让爱花钱的弟弟少得。

新剑桥学派无疑深谙其中的道理。和李嘉图一样，他们将整个社会划分为两大阶层，一个阶层是工人，另一个是资本家，国民收入在他们之间进行分配，工人获得工资，资本家获得利润。工资和利润此消彼涨，如果工资在国民收入的份额增加，利润的份额就会减小，反过来，也是一样。工人和资本家的收入，一部分用于消费，消费之后的剩余，经济学上统称储蓄。储蓄在收入中所占的比例，就是储蓄率。对不同收入阶层的人来说，他们的储蓄率通常是不一样的。工人由于收入较少，大部分工资得用来维持基本的生活，遇到特殊情况还得借债，因此其储蓄率较低。相比之下，资本家的收入高，尽管从绝对数看，其生活花费可能会比工人多，但从相对数上看，生活费在收入中所占的比例却比工人低，因此，其储蓄率

较高。由于工人和资本家的储蓄率不同，工人的储蓄率较低，而资本家的储蓄率相对较高，因而从全社会的角度看，如果分配的天平向资本家倾斜，将较多的国民收入以利润的形式让资本家拿走，全社会的储蓄就会增加；反之，如果我们减少资本家的利润，而增加工人的工资，其结果必然是全社会的储蓄减少。

对经济增长来说，储蓄的变化意味着什么？新剑桥经济增长理论认为，储蓄增加以后，资金供给就相对宽裕一些，在市场供求规律的作用下，资金供给的增加会降低资金的价格，即降低利息率，这会刺激投资，提高经济增长的速度。储蓄减少则会产生完全相反的结果。由此可见，分配结构的变化会影响储蓄，并通过储蓄进一步改变经济的增长速度，利润增加必然带来经济的高涨，而工资增加则会减缓增长的步伐。这就是新剑桥学派关于经济增长的基本结论。

把以上的结论落实到政策层面上，新剑桥学派认为，要保持经济长期稳定的增长，政府就必须使用分配政策，调整利润和工资在国民收入中所占的份额。这种积极干预的主张，可以说与凯恩斯的见解一脉相承，因此新剑桥学派又称“凯恩斯左派”。他们维护经济增长的观点，实际上就是凯恩斯的“相机抉择”。比如说，由人口增长和技术进步所决定的自然增长率是5%，如果由于某种原因，经济的实际增长速度达到了6%，这必然会导致通货膨胀。为此，政府就得采取措施，减少资本家的利润，增加工人的工资。反过来，如果经济的实际增长率低于5%，就必然会出现失业，这时，新剑桥研究经济增长的理论家们就会站出来，对工人说：“你们想得到工作吗？请把兜里的钱掏出来，交给资本家。”

罗宾逊和卡尔多不愧为凯恩斯的弟子，他们主张靠政府的积极干预，来调整分配格局，维护经济的稳定增长。但问题在于，政府的目标是多重的，除了经济增长之外，还要保持分配的相对公平，如果出现了这样的情

况：收入分配已经极端不均，而经济的增长速度却在下滑，政府应该采取什么样的措施呢？是进一步加剧工人的贫困，来推动经济的回升？还是容忍经济的萧条，避免触动收入分配这颗“炸弹”？新剑桥学派肯定会说：“不管怎样，我们必须清楚，鱼和熊掌不可得兼。”

丹尼森残差

●国民产出的增长幅度，在扣除了资本和劳动贡献后，总有一部分剩余，即残差，它是由规模经济、资源配置和知识进展三个因素产生的。

在整个20世纪50年代，美国经济的增长率远远低于西欧和日本，这引起了美国国内的不安。到了50年代末期，经济增长问题在美国成了一个紧迫的“政治问题”，引起了全国上下的普遍关注。为了促进美国经济的增长，经济学界开始着手分析经济增长的来源问题，希望能从中找到美国增长率低下的原因。在这方面，丹尼森作出了突出的贡献，成为对经济增长“最有卓见分析”的经济学家之一。

丹尼森对经济增长问题的研究，跟他的经历有关。1941年获得哲学博士学位后，丹尼森即进入美国商务部工作，曾任商业经济学室助理主任。他在商务部工作了21年，接触了国内外大量的经济资料。1962年，丹尼森出版了他的第一本专著：《美国经济增长的原因和我们面临的选择》，破天荒地提出了增长核算的问题，这使他声名鹊起。同年，丹尼森离开政府部门，到华盛顿的布鲁金斯研究所任高级研究员。

所谓增长核算，就是研究影响经济增长的各个要素，并分别确定它们对经济增长的贡献。《美国经济增长的原因和我们面临的选择》这本书，就是丹尼森根据历史资料，对美国经济增长进行核算的结果。在核算的过程中，丹尼森发现，国民产出的增长，有很大一部分不能用资本和劳动的增长来解释，这就是说，经济的实际增长幅度，在扣除了资本的贡献和劳动的贡献之后，总有一部分剩余。以美国为例，1929—1948 年的 19 年间，美国国民收入的年平均增长率是 2.9%，其中，只有 48% 是资本和劳动增长的贡献，其他 52% 的增长是如何发生的，似乎无从说起，被称为残差。由于这个残差最早是由丹尼森作出了比较完整的解释，因此，我们称之为“丹尼森残差”。

残差是怎么产生的？丹尼森指出，残差的背后有三个因素：即规模经济、资源配置和知识进展。这三个因素作用的结果，是提高劳动和资本的生产率，使原来相同的投入，能够带来更多的产出，从而推动经济的增长。在论述规模经济的贡献时，丹尼森继承了斯密的观点，认为经济规模的扩大，最终要受到市场范围的制约。经济规模和市场范围之间存在着某种对应关系，因此可以用市场范围的扩大来表示规模经济的效益。市场可能是世界性的、全国性的，也可能是地区性、地方性的，但不论哪一种情况，经济的增长必然意味着产品市场的扩大。而这又能够提高社会分工的专业化程度，扩大企业的规模，扩展产品的生产过程，使包括零售和批发在内的几乎所有行业，在销售和运输方面进行更大批量的交易。所有这些都有利于扩大就业、降低成本、增加产出。因此规模经济的效益是经济增长的一个重要因素。丹尼森根据测算指出，在美国历史上总产量的增长中，规模经济的贡献约占 10%～15%。

资源配置效率的改进，是指资源从低效率行业转入高效率行业。丹尼森起初主要研究了劳动力配置效率的改进，主要包括两种情况：一是劳动力从农业部门转移到非农业部门；二是个体经营者从自己的企业转移到其

他行业中就业。这些劳动力在原来的行业中生产效率低、收入少，转移到其他行业就提高了生产率和收入，使国民收入增加。后来，出于研究西欧经济增长的需要，丹尼森又计算了降低国际贸易壁垒的影响。在《经济增长的因素》一书中，他指出，关税和进口限额都保护落后的行业，少受外来竞争的威胁，使得本来应转移的资源无法流动，得不到有效的利用。这会影响资源的配置效率，进而降低经济的增长速度。西欧共同市场建立起来以后，由于成员国之间逐步取消了关税和进口限额，资源的配置效率得到了改善，因而对西欧的经济增长作出了不小的贡献。

丹尼森所说的知识进展是一个比较综合的概念，它既包括技术的进步，又包括管理的改进。技术进步是指产品制造方法和工艺的创新，而管理则泛指企业的组织技术和管理技术，这方面的改进同样可以降低成本，提高效率。在推动经济增长的因素中，知识进展的作用最大。根据丹尼森的测算，美国历史上的经济增长，知识进展的贡献高达39%，这是任何其他因素都无法与之相比的。因此丹尼森认为：“对于单位投入产出量的持续长期增长来说，知识进展是最大的和最基本的原因。”

丹尼森关于经济核算的研究，开创了以因素分析寻求经济增长对策的先河，在整个20世纪60年代，赢得了10年空前的成功。他所创立的分析方法，曾被应用于世界上的许多国家——富国和穷国、资本主义国家和社会主义国家。特别是丹尼森对残差的解释，致使60年代美国政府对教育的支出剧增。著名经济学家、尼克松政府的内阁成员舒尔茨对此给予了高度评价，他说：“从长远来看，科学知识，以及将它转化为新的更先进的产品和生产方式，的确是推动经济增长的最重要的力量。如果世界主要工业国家在过去两个世纪只是积累资本，而仍然使用18世纪的科学和技术，那么，今天的产出、收入和生活水平，恐怕只能是现在实际情况的一个零头。我们将只能靠马匹、驳船和帆船进行运输，只能从水力驱动的工

厂得到少量的动力。我们将没有任何冷冻食品和电力照明，没有人造材料、炼油厂，或者铝合金冶炼厂，没有抗生素、X光设备或者无菌生产设备，没有杂交水稻和农业机械。确实，如果没有科学知识方面的进展，本来能够进行的有效益的投资，可能很早就萎缩了；本来能够达到的产出，我们根本就无法获得。”

GNP 之父库兹涅茨

●如果说凯恩斯将操纵经济的大权从神灵那里夺回来并赋予了人类，库兹涅茨则教会了我们如何去观测经济的走向，以便有效地行使手中的权利。

说起来可能令人难以置信，尽管经济学已经存在了近 5 个世纪，然而，直到 20 世纪 40 年代之前，人们竟然不懂得国民收入的核算。那时的经济学，主要是研究怎样把有限的资源分配到各种用途上去，至于这样做会给国民收入产生什么样的影响，却谁都无法回答。这很像一个憨厚的农夫，只知道给庄稼除草、浇水，一年忙到头，却不知道打了多少粮食，是丰收了还是歉收了，粮食够不够吃。这似乎很可笑，然而，4 个半世纪的历史，经济学的确是这样走过来的。

现在不同了，经济学已经掌握了国民收入核算的理论和方法，因此有关 GNP 的总额、构成，以及增长速度的数据，经常见诸于报端，我们可以据此来判断经济形势，并制定政策来引导它的走向。这是一个了不起的成就，它意味着人类已经在很大程度上拥有了操纵经济的权利。而这项权利的取得，我们得感谢美国经济学教授——西蒙·库兹涅茨的出色工作。

库兹涅茨 1901 年出生于俄国的哈尔科夫，当他刚满 6 岁的时候，父

亲就移居美国，他则随母亲留在俄国，并读完了大学预科。就是从那时候起，库兹涅茨对经济学产生了浓厚的兴趣，相信经济学是解决一切社会问题的基础。1922 年，库兹涅茨来到了美国，进入哥伦比亚大学攻读经济学，凭借他的天资和灵性，仅用了 4 年时间，就修完了本科、硕士和博士学位的所有课程，并凭借一篇论贸易周期性波动的论文，获得了经济学博士学位。随后，库兹涅茨进入其导师密契尔领导的国家经济研究局工作，开始进行国民收入方面的研究，并于 1937 年出版了他的专著《国民收入和资本构成》一书，概括地说明了国民收入和国民生产总值的定义和估算方法。4 年后，《国民收入及其构成》一书问世，在这部 900 多页两卷本的著作里，库兹涅茨利用大量的统计资料，详细地研究了国民收入及其构成的含义，形成了估算国民收入的方法，建立起现代国民收入核算体系的基本结构。正因为如此，著名经济学家索洛称库兹涅茨为“国民生产总值（GNP）之父”。

凯恩斯和库兹涅茨的研究同属宏观经济学的范畴，而且它们之间是相互联系的，如果说凯恩斯创立了宏观经济的生理学，库兹涅茨则是解剖学的奠基者。正是库兹涅茨的工作，在凯恩斯的理论骨架上补充了经验数据的血肉，从而使凯恩斯的经济学得以迅速地传播。作为判断经济萧条、繁荣和增长的基础，国民收入核算理论同时也是凯恩斯主义经济政策得以实施的前提。因此，如果说凯恩斯将操纵经济的大权从神灵那里夺回来并赋予了人类，库兹涅茨则教会了我们如何去观测经济的走向，以便有效地行使手中的权利。

从 20 世纪 50 年代开始，库兹涅茨将研究的重心转向了经济增长领域。他通过对历史资料的整理和比较，考察了西方发达国家经济增长的全过程，从各国经济增长的差异中，探索影响经济增长的因素。他所创立的统计分析的方法，成为现代经济增长理论的一个重要分支。为了感谢他在

国民收入核算和经济增长方面的创造性研究，1971 年，库兹涅茨被授予诺贝尔经济学奖。

库兹涅茨认为，18 世纪后期以来的经济增长可以看做是现代经济增长，其主要特征是人均国民生产总值的加速提高。在这一过程中，知识存量的增长发挥着至关重要的作用。如把遗传学方面的知识应用于农业生产，可以培育出高产品种，从而增加农业的产量；人类有关能源、原材料和技术工艺方面的知识扩展，能使相同的投入带来更大的产出，或者打破制约经济增长的“瓶颈”，为经济增长提供更有力的支撑。不过，知识本身只是潜在的生产力，要把它转化为现实的生产力，必须经过一系列中间环节，包括对人力资本进行大量的投资，以便去发现新的知识并用它们去武装人们的头脑，由目光敏锐的企业家去发现知识的商业价值，并把它们应用于生产，等等。知识存量只有与这些因素相结合，才能最终成为推动经济增长的因素，否则，如果仅仅将指南针用于看风水，而不是用于航海，那么，知识的作用将无从谈起。

现代经济增长的第二个重要因素是生产率的提高。在现代经济的增长中，是效率的提高，而不是投入量的增加发挥着主导作用。库兹涅茨发现，工业革命的影响在几十年后才体现得比较明显，因而他以西方发达国家 100 ~ 125 年的增长历程为样本，对劳动投入和资本投入进行了长期的分析，结果表明，投入对经济增长的贡献仅为 25%，其他 75% 的经济增长是生产率提高带来的。而生产率的提高，又可以解释为资源质量、资源配置效率和技术进步综合作用的结果。

产业结构的调整也是推动经济增长的一个重要因素。库兹涅茨的这个结论，后来被系统理论的发展所证实。系统论认为，系统的结构影响系统的性质。例如金刚石和石墨，它们的构成元素都是碳，但石墨是层状结构，而金刚石是立体网状结构，不同的结构使它们的性质差别很大，石墨柔软如泥，金刚石却坚硬无比。对一国的经济增长来说也是这样，产业结构的调整，资源的重新配置，能够释放出巨大的能量，提高资源的利用效率，从而成为推动经济快速增长的强大动力。相反，不发达国家经济结构变化缓慢，经济增长就缺少了一个大马力的发动机。这突出表现在：劳动力聚集在农业部门，传统的生产技术和组织方式阻碍了高新技术的应用；制造业结构不能满足现代经济增长的要求；需求结构变化缓慢，消费水平低，形不成对经济组织的有力刺激，这是不发达国家经济增长过程中的一个突出弱点。

贫困恶性循环论

●穷人之所以穷，因为收入少；收入少因为工作效率低；效率低因为吃不饱，身体差；吃不饱又因为穷，这便是一个恶性循环。就一个国家来说，也存在着上述这种“越穷就越差、而越差也就越穷”的“马太效应”。

第二次世界大战后，亚非拉广大地区的殖民地和附属国纷纷走向了独立。但是，长期的苦难岁月给这些国家留下的只有一样东西：贫困。为了尽早摆脱贫困，这些国家在经济上各自选择了不同的道路以谋求发展，从此，世界上便涌现出了许许多多的发展中国家。

发展中国家在追求国民经济增长的过程中，迫切地需要经济学家提供对复杂现象的理论解释，也急需使政策措施得到理论的指导；当然，不少的经济学家也怀着浓厚的兴趣关注着这些国家前进的步伐，并对它们共同的经济问题以及经济政策的研究投入了巨大的热情，这样，一门新兴的经济学——发展经济学便产生了。

发展经济学所面临的头号问题，自然是寻求贫困国家走出贫困的突破口和路径。温饱始终是第一位的，只有在温饱的基础上，才能诞生高雅和

文明、品质和创新，否则一切都是空话。这就好像那些穷困潦倒的天才，每天食不果腹、衣不蔽体，生活的惟一目的就是算计着如何才能不再挨饿，那么，纵然他身怀绝技，是个盖世英雄，也不可能发出丝毫的光芒。惟一的出路就是改变他们的生活状况，让其不再为穷所困，这样，他们才能够尽情地施展才华，实现远大的抱负。可以说，发展经济学家最初所担负的，也就是这种历史赋予的使命。

治病先得把脉。几乎所有的经济学家都承认，一个国家要从事生产，自然条件、劳动力和资本三者缺一不可。然而，就工农业两个部门而言，受自然条件制约的主要是农业，因此，自然因素尽管给经济增长创造了有利或不利的条件，但从长期看，它所影响的只是产出的结构而非产出的水平，所以并不对经济增长起决定性的作用。劳动力一般是发展中国家比较充裕的投入要素，当然不会成为经济增长的约束条件。只有资本，它的多寡和形成的快慢，才是促进或束缚经济增长的基本因素。

于是，为数众多的发展经济学家便把注意力集中在资本这个要素上。其中，对落后国家资本形成与经济发展的关系问题作了系统阐述，并由此有着重大影响的，是美国经济学家纳克斯。纳克斯在 20 世纪 50 年代初期揭示了发展中国家为何经济落后却又滞步不前的深层原因，并把其概括成一个鲜明的理论——“贫困恶性循环论”。纳克斯先对不发达地区下了一个定义：所谓不发达地区，就是指它们的资本同它们的人口和自然资源比较起来相对不足的地区。而这些地区之所以不发达，是因为它们存在着“贫困的恶性循环”。他以穷人为例来说明这一问题：穷人之所以穷，因为收入少；收入少因为工作效率低；效率低因为吃不饱，身体差；吃不饱又因为穷，这便是一个恶性循环。就一个国家来说，也存在着上述这种“越穷就越差、而越差也就越穷”的“马太效应”。为什么会如此呢？因为收入低的国家在现实中存在着两个恶性循环。从资本供给方面看，国民收入

低导致储蓄少，储蓄少造成资本缺乏，资本缺乏导致生产率低，生产率低又造成收入少。这样，资本缺少、收入低下、储蓄少三者互为因果，形成一个恶性循环。从资本需求方面看，国民收入低造成购买力低，购买力低对投资缺乏引诱力，缺乏投资引诱力又会导致投资不足，投资不足造成生产率低，生产率低又导致收入低。这样，收入低下、投资不足、购买力低三者互为因果，又形成另一个恶性循环。

纳克斯认为，上述两个恶性循环相互制约，相互加强，任何一个循环都无法自行突破，转为良性循环：如果想要增加储蓄，以便增加投资，那么由于储蓄增加而引起的购买力缩减，又会降低投资的引诱力；若想提高购买力，以便增加投资引诱力，那就势必会减少储蓄。即使投资引诱力增大，也会因储蓄减少而难以扩大投资。这样，即使有了投资引诱，也缺少储蓄可以用来投资；同样，即使有了储蓄，也缺少投资引诱足以消化储蓄，可见，这两个循环很难打破，更难由向下的循环转变为向上的循环。由此，纳克斯悲哀地作出结论，发展中国家的长期贫困、长期经济停滞是难免的。

然而，尽管这两个循环难以自行突破，但只要找出问题的症结，再对症下药，堡垒总是可以被攻破的。而发展中国家之所以老是在贫困的陷阱中徘徊，其根本原因就是匮乏资本。因此，缺“血”才是万病之源，要使发展中国家从“贫困的恶性循环”中解脱出来，惟一的办法就是“输血”。在持这种观点的经济学家当中，没有一个人比罗森斯坦—罗丹更激进。他为解决贫困的恶性循环而提出的“大推进”理论更是气势磅礴。罗森斯坦—罗丹认为，只有全面工业化才能使发展中国家走出贫困的陷阱，因为工业化是用比富裕地区更快的速度来提高经济不振地区的收入，从而使世界各个地区收入分配较为均等的惟一办法。而要迅速实现工业化，使停滞不前的经济有所发展，发展中国家就必须全面地、大规模地进行投

资，特别是对基础设施的大幅度投入，以给经济一次大的推动，使国家从贫困的泥淖里爬出来。这就是“大推进”理论的中心思想。

为什么只有实行资本的“大推进”才能使发展中国家跳出贫困恶性循环的陷阱呢？根据罗森斯坦—罗丹的解释，这是因为经济中存在着三种“不可分性”。第一种是基础设施的不可分性，例如电站必须建成才能发电，道路不能半途而废，没有屋顶的学校、没有医护人员的医院等都是不能提供服务的。因此，不一气呵成使投资项目达到必要规模，则资本事实上并未形成，经济增长丝毫得不到促进。第二种是储蓄的不可分性。储蓄不是随着收入的增长而不断地增长，相反，它的增长是有阶段性的，只有当收入的增长超过一定限度之后，储蓄才会急剧地上升，才会使更大规模的投资成为可能。因此，必须令每一阶段的经济发展规模大到足以保证收入的增长超过一定的限度，否则储蓄将不够充分，为发展经济而进行必要的投资则将受到“储蓄缺口”的阻碍。第三种是需求的不可分性。如果投资只集中于某一部门或某一行业，则要使这一部门或这一行业的产出有相应的需求，就必须要有充分的国内市场或有保证的国外市场。如果产出不能出口，再加上这一部门或行业以外的人口又处于失业或就业不足的状态，那么，这一部门或行业的产出，除一小部分为该行业或部门的投资所创造的收入吸收外，大部分无人购买，从而这笔投资将以失败而告终。因此，要形成广大的市场，使多种多样的商品都各有所需，就必须广泛地、大规模地在各个部门和各个行业同时进行必要的投资。相反，如果不采用大推进的办法，而进行孤立的、小规模的投资，经济只能得以缓慢增长，从而不能迅速改变落后国家的经济面貌，无助于缩小发展中国家和发达国家之间的差距。

在平衡与不平衡之间

●究竟应该选择全面投资，实行平衡的发展战略；还是只对重点部门加大投入，实行不平衡发展战略，来克服不发达国家所面临的困难，对此，西方发展经济学家众说纷纭，莫衷一是。

一对收入微薄的农村夫妇，膝下养育了10个孩子，尽管家境贫寒，但这对夫妇却发誓要让小孩念大学。这倒不是因为他们知书达礼、深明大义，而是因为他们知道，越是穷苦的家庭，就越要咬牙让小孩读书，只有小孩有了出息，将来他们自己才能老有所养。尽管这对夫妇的家计谋划十分明确，但无奈经济拮据，要让10个小孩都上大学根本不可能。怎么办呢？要么把有限的存款平摊在10个小孩的身上，让每个人都读书，但这样只能维持他们到初中毕业；要么就保重点，只让几个资质好的孩子上学，把节约下来的积蓄全部用在他们身上，供养他们上名牌大学，然后再让他们帮助那些未能进过学堂的兄弟姊妹。而究竟应该选择哪个方案，这恐怕值得这对夫妇认真思量。

同样的道理也适合那些贫困落后、资源有限的发展中国家。究竟应该选择全面投资，实行平衡的发展战略；还是只对重点部门加大投入，实行不平衡发展战略，来克服不发达国家所面临的困难，对此，西方发展经济学家众说纷纭，莫衷一是。

以提出“恶性贫困循环论”而著名的发展经济学家纳克斯，是平衡增长论的倡导者。他认为发展中国家要打破困扰它们的两个恶性循环，就必须在各部门、各企业之间平衡地谋求增长。因为，只有同时全面地投资于工业、农业、外贸等国民经济各部门，使一切部门同时扩大，才能形成广大的市场，并对经济增长起到决定性的作用。但在投资方面，他主张按不同的比率投资，对发展薄弱和有关键作用的部门多投资，以便实现各部门的协调发展。

如果说，纳克斯的平衡发展战略论强调的是经济全面发展的必要性，那么，鼓吹“大推进”理论的美国发展经济学家罗森斯坦—罗丹的平衡发展战略，则重点在于强调大规模投资的重要性。他认为，发展中国家只有大规模地、全面地投入资本，给予整个经济一次大推动，才能迅速地改变自己的落后经济面貌。这是因为经济过程是一个整体，具有“不可分性”：发展中国家必须进行基础设施建设，而这些建设规模大，周期长，不一次投入足量资本，则将令工程或者不配套，或者半途而废，形成不了生产力；现代工业资本密集程度高，只有同时投入大量资本，兴建许多相关工厂，才能互相创造需求，提供市场，使整个工业得到发展，否则，单独兴建的某个工厂会因找不到社会需求而被迫关闭；另外在一个地区兴建大量相关工厂，不仅可以收到规模经济的效益，而且还将促使一些共同使用的运输、道路、货站、通信等设施和服务性专业企业建立，从而大大降低各个企业的生产成本，有利于它们的竞争和发展。据此，大推进论者建议：应当按照同一投资率和增长率来全面发展工业，把现有资源均等地分配于一切工业，以便实现投资的最优格局。

以赫尔希曼为代表的一些经济学家反对平衡发展战略，而力主不平衡

发展战略。这种战略就是要集中有限的资本和资源，首先发展一部分主导产业，以此为动力，带动其他产业乃至整个经济的发展。他们的理由是：发展中国家的经济发展是在以前的基础上开始的，而过去的发展是不平衡的，为使不平衡得以恢复平衡，新投资就应当是不平衡的，以便与原来的不平衡状况相衔接，最后达到平衡的目标。更何况，发展中国家缺乏资本和人力资源，因此不可能百废俱兴，只有重点利用有限的资本和人力，才能收到较好的经济效益。

赫尔希曼在其《经济发展战略》一书中系统地阐述了不平衡发展战略思想。他认为，发展就是一系列连锁着的不平衡，经济发展往往采取踩跷跷板的形式前进，从一种平衡走向新的不平衡。发展中国家既然资本有限，就不应该首先投资建设基础设施项目，而应先向直接生产部门即工农业生产部门投资，因为这些部门投资少，很快就会增加产出和收入。待直接生产部门发展起来并产出了较大收入后，再利用一部分收入投向基础设施部门，并带动其增长，这种投资政策才符合最优化原则。

为了论证上述投资政策的合理性，赫尔希曼提出了“联系效应”理论。所谓联系效应，就是指国民经济各部门之间存在着一种相互联系、相互作用的关系，这种联系又分为“前向联系”和“后向联系”两种形式。“前向联系”是指一个产业同购买其产品的产业之间的联系，如钢铁工业的前向联系是机器制造业、汽车工业等。“后向联系”是指一个产业同向它提供原料的产业的联系，如钢铁工业的后向联系是采矿业等。赫尔希曼认为，一国在选择优先发展的部门时，应当选择前后联系效应最大的部门优先发展。据他的观察，不发达国家的经济部门，其联系效应比较微弱：农业，特别是小农农业是缺少联系效应的；初级产品部门自然没有后向联系；农业和矿业的前向联系很小，等等。这样，不发达国家要谋求发展，只有集中力量，把资源投入到前后联系效应比较大的部门，则由于联系效应的作用，其他部门便会成长起来，其速度也许比采取平衡增长战略所能取得的发展快一些。

尽管平衡增长和不平衡增长之间的争论仍在继续，但它们究竟孰是孰非，不仅在理论上难以定评，而且在历史经验的分析中，也不易作出明确的、一致的结论。例如，斯特里顿以 18 世纪英国的纺织工业和钢铁工业为例，证明了不平衡增长的成功。但俄林从其他发达国家却找不出不平衡增长取得成效的史例。而休斯又从史料分析中，认定西方国家都是沿着平衡增长道路前进的。因此，如果承认平衡增长论和不平衡增长论各有其优点和缺点，倒较为公正和客观：平衡增长论强调一揽子投资的重要性和投资结构合理安排的必需性，并认为投资项目之间应当有良好的协调，这些论点无疑是正确的。但是，这一战略要求在发展初期就筹集大量资本，建立起全面发展的国民经济，则是不现实的。不平衡增长论关于前向联系和后向联系的论证，颇为发人深省，它指明了一直为人所忽视的关于一项投资对其前后阶段可能产生的影响。但是，不平衡增长论低估了由于不平衡增长给整个经济造成的阻力，因为稀缺会形成垄断势力和既得利益，进一步的发展则会受到它们的排斥和反对，除非国家能作出强有力的干预，否则很难排除这些发展中的障碍。

但今天，多数发展经济学家认为，平衡增长论和不平衡增长论两者之间，事实上并无根本性的矛盾。因为，不平衡发展战略是以创造短期的、事先的不平衡，来求得长期的、事后的平衡。而且，如果把投资集中在几个部门或几个行业之间，也取决于一国的国际贸易关系、自然资源条件以及劳动技术熟练程度等因素，就是说，也取决于各个方面的平衡。归根到底，任何一个国家，在任何时候，都必须根据其投资能力、土地利用状况、人力以及企业管理和科学水平等条件，对发展措施作出最好的安排，以取得最高的增长速度。

发展极与回波效应

●在不同时期，增长的势头往往集中在某些主导部门和有创新能力的行业，而这些主导部门和有创新能力的行业一般聚集在某些大城市或地区，并在这些中心地带优先发展起来。这些大城市或地区便成为“发展极”。

20世纪50年代以前，几乎所有国家都用国民收入总量来衡量经济计划的结果。但随着时间的推移，人们逐渐感到这种方法不够妥善，因为它太过笼统，不能准确地反映和把握经济的动向。正当此时，法国经济学家弗朗索瓦·佩鲁克斯提出了“发展极”理论，使各国政府眼前为之一亮，思路也随之纷纷扭转。

“发展极”理论所要表述的是：国家应该以非总量的方法安排计划，把国民经济按地理幅区分解为部门、行业和工程项目，以此来衡量各自的增长。因为，经济发展并不是在每个地区以同样速度平衡进行的，相反，在不同时期，增长的势头往往集中在某些主导部门和有创新能力的行业，而这些主导部门和有创新能力的行业一般聚集在某些大城市或地区，并在这些中心地带优先发展起来。这些大城市或地区便成为“发展极”。所以，

"发展极"事实上就是由主导部门和有创新能力的行业聚集而成的经济中心。

由于上述城市或地区大都具有生产中心、贸易中心、金融中心、信息中心、交通中心等多种功能，因此，它们好像一个"磁场极"，能够对周围地区产生吸引和辐射作用：首先，"发展极"的大企业不断进行创新，推出新技术、新工艺、新产品，并能把这些创新扩散到其他地区，同时还能吸收其他地区的新技术和人才，以加速本地区的发展；其次，"发展极"能够吸引和集中大量资本扩大生产，同时又能向周围地区扩散资本，并带动其发展；再次，由于大量企业集中在"发展极"，因此将促使一些共同使用的道路、通信、货栈等服务性企业建立，这会大大降低社会成本，产生巨大的规模经济效益。总之，"发展极"的作用是巨大的，它使人力、生产、技术、贸易等高度聚集，形成"吸引中心"或"弥散中心"，以这些中心城市或经济区为核心，联系周围的农工商业，这样，就形成了一个完整的经济网络。"吸引中心"把边远地区的居民吸引到"发展极"来，从而可以减少边远地区的人口压力，使农户的耕作面积扩大，并通过改进生产技术来提高边远地区的人均福利水平。"弥散中心"则通过向边远地区投资，建立厂矿或修建道路，以此激活落后地区的经济，并增加人烟稀少地区的人口密度。可见，只要建立了"发展极"，通过"发展极"的吸引和扩散作用，那么，全国经济便能得到有力推动并进而获得巨大的发展。

佩鲁克斯认为，如果一个不发达国家或地区缺少"发展极"，那么，政府的当务之急便应该是着手创建"发展极"。而"发展极"应该怎样创建呢？佩鲁克斯指出，如果该国有中心城市，就直接选定它们作为"发展极"。但必须明白，一个活跃的城市中心，并不一定就自然而然地对边远地区产生扩展效应。要构成"发展极"，一方面需要具有创新能力的企业，

另一方面需要适当的周围环境。“创新”是吸引和扩散的源泉，因为只要有创新企业的存在，那么，就必然会出现一大批追随、模仿“创新企业”的“增长企业”，而“增长企业”聚集起来便形成了“增长中心”，因此可以说，“增长中心”是由于“发展极”的充满活力的能动作用而成长起来的。以加拿大为例，蒙特利尔即为“发展极”，而魁北克市以及魁北克省的其他城市则为“增长中心”，它们的成长是对蒙特利尔的创新企业经济能力的反映。除了具有创新能力外，要选择一个地区为“发展极”，还必须考察该地区的周围环境，这就像一个电力系统，不仅要重视发电机，还要重视电抗器和传输线。以中国为例，上海就应当被选定为一个“发展极”，那里既有雄厚的工业基础和现代化的渔业，又有一个便利货物运输的良港和一个国际机场，从而形成了具有专门技术和基础设施、能吸引资本和人力的经济中心。

“发展极”概念的提出，引起了其他经济学家的兴趣，并由此得到了理论上的补充。英美学者把“发展极”名为“增长点”，他们认为，厂商和行业之间的亲和力，将产生外部经济性，会使厂商和行业在某一地理位置上集聚地发展，从而有出现“增长点”的自然趋势。而“增长点”一旦出现，极其有利于形成厂商之间、行业之间在工业化中的网络关系，又会进一步扩大外部经济效果。这种效果，表现在两个方面：一是可以互相利用培养起来的人力，一厂解雇，另一厂录用，人力资源不致浪费；二是由于集聚在一起，各个厂商会在供应来源、维修服务以及技术咨询等各个方面，得到便利。可见，外部经济性是极为重要的，它是形成“增长点”的主要原因，又是“增长点”继续扩大的推动力量。如果把不能形成这种外部经济性的工业勉强地集中在一起，或者不恰当地选择一个地区作为“增长点”，那么，“增长点”就不会形成，形成了也不会持久。例如，二战后，意大利为了发展东南部落后地区，曾由政府在该地区建成了许多基

础设施，并对愿意投资或迁入的企业给予了种种经济优惠，而结果投资不多，迁入的厂商也为数甚少。欧共体对此作了调查和研究，发现情况之所以如此，是因为企业家不愿牺牲在北部投资所能获得的利益，这个利益就是外部经济性。

针对佩鲁克斯理论中忽视“发展极”对落后地区经济所带来的消极作用这一缺陷，谬尔达尔提出了“回波效应”理论，从而使“发展极”学说在理论上得到了完善。谬尔达尔认为，发达地区的优先发展，对落后地区既有积极作用，又有消极的“回波效应”：落后地区的人才、资本、资源被发达地区大量引走，从而给落后地区造成不良的后果。由于发达地区收益高，资本等生产要素纷纷流向那里，结果落后地区与发达地区的经济差距便越来越大。但是，这种“回波效应”却不会无限地发展下去。因为，当发达地区发展到一定程度后，由于人口过多、交通阻塞、资源不足等原因，使发达地区生产成本上升，外部经济效益变小，这时，资本、技术等生产要素就会向周围落后地区扩散，并促使其经济发展，从而缩小地区之间的经济差距。所以，发展中国家在通过重点投资计划创立“发展极”的同时，为防止地区之间发展的失衡，还需采取特殊政策促进落后地区发展，如在落后地区开辟新工业区，建立新的发展极，引进外资，开辟内地自由贸易区等。

“发展极”理论事实上是把不平衡发展战略、熊彼得的创新学说和新古典学派关于人力与资本流动的看法结合起来，转化为地理空间上的概念。时至今日，“发展极”理论已经对经济计划的指导思想发生了重大影响，使一些发展中国家的计划工作者，把工作重点由以国民经济为整体进行规划，转为把国民经济分解为较小的、较具体的组成部分进行规划。因此，“发展极”理论已成为今天一些发展中国家强调区域计划的理论根据。

二元经济结构模型

●正如位于汪洋大海中的小岛一样，少数城市工业化经济部门，被大量的农村传统部门包围着，这就组成了发展中国家一般具有的“二元经济结构”：一个是以土著方法进行生产的传统农业部门，另一个是以现代化方法进行生产的城市工业部门。

西方经济学界中最早提出系统的人口流动理论的，是著名的黑人学者刘易斯，他早在1954年以《无限劳动力供给条件下的经济发展》为题写成文章，论证了劳动力由乡村向城市转移的问题。该文后来成为现代经济学家经常引证的经典文献之一。甚至到今天，发展经济学的大部分内容仍可说是对刘易斯在此文中提出的“二元经济结构”模型的进一步阐述。1979年，刘易斯因对发展经济学所作的卓越贡献而与西奥多·舒尔茨分享了诺贝尔经济学奖。

刘易斯认为，劳动力从农村流向城市，本身即为经济发展的一个重要标志。劳动力从传统农业中释放出来，重新配置到城市工业部门，使城乡的产业有了明显分工。这既促进了工业化，又促进了城市化，还解决了农村的失业问题。因此可以说，工业化的过程，就是农村剩余劳动力向城市工业部门转移的过程，通过这种转移，现代工业得到了扩大，而传统农业则相对缩小，由此便可使发展中国家经济增长的速度大大加快。

而为什么劳动力会从乡村大量涌向城市呢？刘易斯认定是发展中国家存在的“二元经济结构”所致。正如位于汪洋大海中的小岛一样，少数城市工业化经济部门，被大量的农村传统部门包围着，这就组成了发展中国家一般具有的“二元经济结构”：一个是仅足糊口的、只能维持最低生活水平的、以土著方法进行生产、自给自足的传统农业部门；另一个是以现代化方法进行生产、技术先进、劳动生产率高、以追求最大利润为目的的城市工业部门。

在农业部门中，存在着只有极低的，低到零甚至负数生产率的“过剩劳动力”。按照刘易斯的定义，“过剩劳动力”就是劳动力中的这样一个部分，把这部分除掉以后，尽管其他生产要素投入不增加，而产出总量却并不减少，甚至还略有增加。这部分劳动力，形式上是就业的，但实际上对生产并未起任何作用，或者只能起极其微小的作用。当这部分劳动力有机会得到其他工作而离开这个部门之后，余下的劳动力可以保持产出总量并不减少。因此，这部分劳动力在这个部门中是过剩的劳动力，或者说，他们处于就业不足或隐蔽的失业状态。在没有失业救济的条件下，这部分劳动力的生活是靠劳动人口自己维持的。

在城市中的现代化工业部门中，劳动生产率自然远远高于农业部门的劳动生产率，从而工人的工资水平远远高于农民的工资水平。工农业工资水平的差异对农村过剩人口向城市转移产生了巨大的吸引力。同时，城市现代工业资本家也愿意雇佣这些劳动力，因为他们的工资低，可以赚取更高的利润。这样，两种工资水平的差异，促使“过剩劳动力”由农业部门向工业部门流动，并由此而引起种种经济结果。

在农业劳动力向工业部门转移的过程中，由于农村劳动力充裕，因此其供给是“无限”的，不会发生供不应求的现象，因此，资本家可以把他们的工资始终压低到一个最低生活水平，并保持不变。这样，工业资本家便可以不停地赚取高额利润，然后再把利润转化为资本，使工业生产进一步扩大，以便再增雇新的工人来创造更多的利润。只要农业部门尚有“过剩劳动力”存在，这一过程将反复循环进行下去，直到农业部门的“过剩劳动力”被工业部门吸尽为止。

例如，假定工业部门的最低工资水平是人均300元，由于它仍然高于传统家庭农业的人均收入200元，因此，前来受雇的农村劳动力络绎不绝。最初，工业资本家只雇佣了10个劳动力，一个生产周期后，他获得了6000元的总收入，赚取3000元的利润。资本家接着把这笔利润转化为投资，可以增雇到另外10个劳动力，此时，总劳动量增加到20个，第二个生产周期后，资本家的总收入扩大到12000元，利润随之增加到6000元。他再把这笔利润转化投资，则又会有20个新人补充进工人队伍，随着利润的进一步增多，工业部门对劳动力的需求又进一步提高，这一过程反复进行，城市的工厂和就业量将继续增加，这一方面可使工业规模扩大，工业化逐步得以实现，另一方面农业过剩劳动力被吸收，农业劳动生产率逐步提高，农村劳动者的收入将逐步上升，且和工人工资的差距逐渐缩小。这样，工农业将得到协调均衡地发展，其结果是国民经济结构逐渐转变，二元经济结构转变为现代化的一元经济结构。

可见，二元经济中的劳动，是按照最低生活水平决定的一个不变工资，提供给城市工业化部门的；而由于农业中“隐蔽性失业”的存在，实际上有无限的劳动供给可用于发展工业化，至少在发展初期是如此。当二元经济发展到一个历史阶段时，剩余劳动的供给将会枯竭，从而工业部门只有令工资率上升才能将更多的劳动从农业中抽出来。这便是刘易斯所论证的工业化发展模式，经济学界一般把它称为“无限过剩劳动力发展模式”或“二元经济结构发展模式”。

后来，美国学者拉尼斯和费景汉两人在刘易斯模式的基础上又作了进一步的分析和推演，指出农业劳动力向工业流动必须有个先决条件，即农业由于生产率的提高而出现了剩余产品，可以为工业化的扩大提供必需的消费资料，从而发展了刘易斯模式。拉尼斯—费模式，把二元经济结构的演变分为三个阶段。第一阶段类似于刘易斯模式，农业部门存在着隐蔽性失业，劳动力的供给是无限的。在第二和第三阶段中，拉尼斯和费景汉注意到，农业部门逐渐出现了生产剩余，这些生产剩余可以满足非农业生产部门的消费，从而有助于劳动力由农业部门向工业部门移动。因此，农业对促进工业增长所起的作用，不只是消极地输送劳动力，还积极地为工业部门的扩大提供必不可少的农产品。

现在，经济学界把这两个模式合称为刘易斯—费—拉尼斯模式。这个模式由于比较简单明白地说明发展中国家二元经济结构变化的一些情况，并突出地论证了经济发展过程中诸如城市工业部门和乡村农业部门在经济结构上的差异；把城乡两个部门连结起来的劳动力转移过程的重要作用；农业劳动力大批转向非农业部门对于改变劳动力就业结构以及对于产业结构现代化、工业现代化以及农业现代化的深远意义等几个重要问题。因此，刘易斯—费—拉尼斯模式作为西方发展经济学中具有分析价值的理论而受到了不少发展经济学家的赞扬。而对于当今大部分第三世界国家所施行的进口替代的工业化增长战略来说，刘易斯模型提供了最好的依据。

罗斯托的经济成长阶段论

●按照生产力的标准，罗斯托把人类社会划分为六个阶段：传统社会阶段；为“起飞”创造前提条件阶段；“起飞”阶段；向成熟推进阶段；高额群众消费阶段和“对生活质量追求”阶段。其中，“起飞”是社会发展最重要的“突变”。

德国伟大的现实主义作家托马斯·曼，在他一本著名小说《布登勃洛克一家》中讲述了下面这段故事：19 世纪中期，布登勃洛克一家迁到了德国卢卑克城，并在该地定居下来。这个家族的第一代人通过艰苦创业拼命积累财富，终于从社会的底层挤入地方富户的行列；但第二代由于出生在有钱的家庭里，因此不再对追求金钱感兴趣，而去追求社会地位，后来当上了议员；当这个家族传到第三代的时候，无奈这代人出生于既有钱又有社会地位的家庭中，因此既不对金钱感兴趣，也不对社会地位感兴趣，只是去追求精神生活，整天陶醉于音乐和艺术。结果，望族盛极转衰，最后走向没落。

托马斯·曼绝不会想到，他在小说中安排的故事情节以及写作时使用的心理分析方法，竟会在70多年后出现在经济学的教科书上！由书中主人翁的名字演变而来的“布登勃洛克式动力”，竟成为一个广为人知的经济学术语；由该术语所说明和解释的“经济成长阶段论”和“经济起飞论”也风靡一时，在东西方经济学界引起了强烈反响。而这一切的创造者，就是美国当代经济学家罗斯托。

罗斯托把托马斯·曼所讲的故事“拿”到经济学研究上，主要是为了说明促进经济成长的动力问题。在这一思想基础上，罗斯托对经济增长和社会发展的论述独树一帜、自成体系。按照生产力的标准，他把人类社会划分为六个阶段：传统社会阶段；为“起飞”创造前提条件阶段；“起飞”阶段；向成熟推进阶段；高额群众消费阶段和“对生活质量追求”阶段。罗斯托指出，在上述六个阶段中，“起飞”与“对生活质量追求”是人类社会发展中两个重要的“突变”，而“对生活质量追求”是一切国家最终将会达到的目标。

从历史的演变过程来看，人类社会便是在这六个不同的经济状态中依次由低级向高级阶段过渡的。罗斯托认为，这种过渡具有必然性，而造成这种必然性的正是“布登勃洛克式动力”。在布登勃洛克家中，前后几代人由于生活环境不同，因而追求的目标各异，欲望不断更迭，从而满足各自欲望的方式也不一样。罗斯托由此引申出一个结论：一个家庭的变化过程是这个“动力”作用的结果，一个社会的变化过程又何尝不是该“动力”作用的结果呢？事实上，在人类社会每一个成长阶段上，都会有一个与之相适应的主导部门，而每个主导部门的出现又与“新的人物”及其利益、兴趣和要求联系在一起，因此成长阶段的更替、主导部门的变化、“中心人物”的置换，这三者实际上是不能分开的。例如，历史上那些“为起飞创造前提”阶段的新教徒、“起飞”阶段上的企业家、“向成熟推进”阶段上的钢铁大王、石油大王、铁路大王，直至“成熟”阶段完成

之后管理着企业的专业经理人员，都是与他们各自所处时代相适应的“中心人物”。正是他们的欲望更替导致了主导部门序列的改变，从而导致了成长阶段的依次更迭，并最终形成了人类社会各个经济成长阶段的不同特征。

罗斯托将牛顿作为划分标志，把近代科技产生以前的社会称为传统社会阶段。这个阶段最基本的特点是：生产力发展缓慢，生产方法落后，生产水平低下，家庭和氏族关系在社会组织中起很大作用，社会观念以宿命论为基础，农业占据了社会的主导位置。

从传统社会阶段向“起飞”阶段发展的过程中，必须经历一个过渡时期，这个过渡时期便是为“起飞”创造前提条件的阶段。在这个阶段中，社会将发生一系列变化：以农业为主转变到以工业、交通、商业和服务业为主；自给自足的社会转变到开放的社会；农业和采掘业生产效率的提高为企业家提供了大量的资本来源；公路、铁路、学校和工厂成为新的投资方向；投资业与农矿业并肩成为该阶段的主导性产业。

“起飞”阶段是一个社会历史进程中具有决定意义的时期，是近代社会生活中的大分水岭，是经济成长中的关键性阶段。按照罗斯托的解释，所谓“起飞”就是突破传统经济的停滞状态以及以发展和进步为目标的各种势力的解放，就像飞机一样，一旦升空，就能顺利地高速航行了。而经济“起飞”的必要条件有三个：第一，要有较高的资金积累率，使净投资占到国民收入的10%以上；第二，建立和发展一种或多种主要的制造业部门，从而培育和发展社会的主导部门，使它能够吸收新技术，降低成本，有高增长率，并将利润转化为积累，扩大对其他一系列经济部门的产品需求，加大对地区经济成长的影响，进而带动整个国民经济的发展；第三，进行制度上的改革，建立一个能保证实现“起飞”的，有效的政治、社会和经济制度结构。罗斯托认为，一个国家具备了上述条件，经济就可以

"起飞"了，而一旦开始了"起飞"，经济自动持续的增长便成为社会的正常现象。

经济"起飞"后，社会开始进入向成熟推进阶段。所谓"成熟"是指技术上的成熟，向成熟推进阶段则是一个社会已经把当时的现代科学技术有效地应用于它的大部分资源配置。在这个阶段上，工业将朝着多样化的方向发展，主导部门交替重复，经济全面增长，社会对于工业化的奇迹开始感到厌倦。

当社会快达到成熟阶段时，或者已达到成熟阶段之后，高额群众消费阶段便正式拉开序幕。在这个阶段中，社会的注意力从供给转到了需求，从生产问题转到了消费问题和福利问题，主导部门由制造业转移到耐用消费品和服务业，国家开始追求在领土外的势力和影响。在罗斯托看来，从20世纪40年代起，美国开始进入这一阶段；加拿大和澳大利亚在第二次世界大战后进入这一阶段；西欧和日本是到50年代才完全进入这个阶段的。他还进一步指出，到50年代中期，"高额群众消费"已达到它的逻辑终点，呈现出减速的趋势。

由"高额群众消费"向"追求生活质量"的过渡，被罗斯托称为是"工业社会中人们生活的一个真正突变"。在这个阶段上，主导部门已不再是以汽车为主的耐用消费品工业，而是以服务业为代表的提高居民生活品质的有关部门，它们的特点主要是提供劳务，而不是提供有形产品。而这些部门的发展除了起着带动经济成长的作用之外，还可使社会保持某种均衡、缓和冲突以及平息青年人的不满情绪，让人们的精力和才能有适当的表现机会。而这些作用的实现可以避免人们选择法西斯主义、无政府主义和暴力手段，而采取改良和渐进主义。罗斯托认为，像美国这样高度发达的工业社会所作出的选择就是这样一条道路。

公平与效率

收入均等化原理

萨伊的按生产要素分配

检验福利的标准

福利国家论

负所得税方案

奥肯的漏桶原理

帕累托最优状态

收入均等化原理

●同样一笔财富，富人从中得到的满足比穷人少，因此，将富人的一部分收入转移给穷人，会增进整个社会的福利。

明朝的周容曾经写过一篇文章，叫《芋老人传》。文中有一个故事，讲的是一个穷书生进京赶考，没有钱住店，有一天傍晚，饥寒交迫，在一位农夫的房檐下避雨，被农夫叫到屋里，给了他一块芋头吃，他吃得香甜无比，对农夫千恩万谢。后来，穷书生金榜题名，做了相国，吃遍了天下的山珍海味，越吃越没有味道。于是，他开始怀念赶考途中吃过的芋头，便找来当初的那位农夫，请农夫煮一块芋头给他尝一尝，结果大失所望，扔下筷子问："何前者香而甘也?"为什么以前的芋头就那么香甜可口呢?农夫感慨地说："时位之移人也。"这个故事，其实蕴含着一个经济学的原理，它就是福利经济学的收入均等化原理。

福利经济学产生于19世纪末到20世纪初这段时间，这个时候，资本主义正从自由竞争向垄断过渡。随着一批掌握巨额资产的垄断寡头的出现，资本主义社会由来已久的两极分化、贫富悬殊等问题，变得更加尖锐、更加触目惊心了。广大劳动者长期在温饱线以下挣扎，造成了严重的

社会对抗和冲突。无论从维护资本主义制度的需要出发，还是从人道主义的角度来看，这种赤贫现象的普遍存在已经不能再熟视无睹了。于是，许多政治家、经济学家和社会团体便开始重视和研究这方面的问题，探讨解决问题的方法。福利经济学就是在这种背景下产生的。美国经济学家汉内曾明确地指出："英国社会问题——庞大的社会财富和大众的贫困对比——非常严重，并且由于世界大战而变得尖锐起来。因此有些思想家以建立社会福利这一种标准概念为目标，并引导经济学研究社会政策以接近这一目标的倾向就突出起来了。这种研究趋势可以叫做'福利经济学'。"英国经济学家庇古由于最早建立起福利经济学的理论体系，而被后人称作"福利经济学之父"。

福利经济学的核心目标是如何增进个人乃至整个社会的福利。它的思想渊源是边沁的功利主义，即人的本性是追求幸福，人的行为是趋利避害，绝大多数人的幸福就是道德准则和立法依据。福利经济学的"福利"这个词，就是从边沁的幸福演化而来的。庇古认为，一个人的福利，来源于他从社会生活中获得的满足。福利包括的内容很广，除了财富的占有之外，享受闲暇、社会地位、家庭幸福、友谊、爱情等也可以给人带来满足，从而构成个人全部福利的一部分。但是，这部分福利是很难计算的，同时它又跟财富的多寡有很大的关系，所以，经济学主要研究与财富有关的那部分福利，即经济福利。社会福利是个人福利的简单加总。因此，福利经济学所研究的福利增加，严格说来是经济福利的增加。那么，如何才能增加一个社会的经济福利呢？庇古认为，主要有两个办法：一是增加财富，即国民收入，国民收入越大，经济福利越大，一个人实际收入的增加和一个国家国民收入的增加，都是经济福利的增加。二是促进个人之间收入的均等化。

为什么收入的均等化可以增加整个社会的经济福利呢？让我们再重温

一下周容讲的那个故事。当故事的主人公还是个穷书生时，一块芋头，他吃得香甜无比，从中得到了很大的满足。而做了相国以后，同样的芋头，就变得不好吃了，从中得到的满足很少。农夫看到了同一个人的这种变化，于是便发出了“时位之移人也”的感慨。其实，对于贫富不同的两个人，这个故事仍有说服力，也就是说，同样的消费品，穷人从中得到的满足要比富人多。如果说得更普通一些，我们将消费品进一步推广到经济财富，这个结论还是成立的。同样增加 1 元钱的收入，对于富人是锦上添花，而对穷人来说，则是雪中送炭，显然，穷人从中得到的福利要比富人多。如果我们将富人的一部分收入转移给穷人，富人的福利虽然有所损失，但他仍然是富人，不会伤筋动骨，而穷人则可以增加更多的福利。这样，收入均等化政策一方面减少了富人的福利，另一方面又增加了穷人的福利，但由于富人的福利损失小于穷人的福利增加，将个人的福利加总以后，社会的总福利无疑是增加了。

如何才能把富人的一部分收入转移给穷人呢？庇古认为，主要有四条措施：一是自愿转移，即富人自觉自愿拿出一部分收入，来举办教育、科研、保健和娱乐等福利设施，或捐助慈善事业。二是强制性转移，由政府征收所得税和遗产税，然后将其中的一部分资助穷人。三是直接转移，也就是举办社会保险和社会服务设施。四是间接转移，对于穷人最迫切需要的食品、住宅等商品，由政府给予其生产单位一定补贴，从而降低售价，使得穷人从中受益。不过，庇古同时指出，财富的转移并不是无条件的，搞不好会带来负面的影响，因此要注意。财富转移不能影响生产，“如果这种转移影响到资本家的投资和积累，那就会把有钱人搞穷，穷人到头来反而吃亏”。同时，收入转移要防止出现懒惰和浪费，富人的一笔收入是否应该转移给穷人，要看这笔收入投资于福利事业，是否能比投资于实业带来更大的回报，如果大，说明转移是合理的，否则就是不合理。为此，

庞古反对施舍性的救济，而主张提高工人的劳动技能和技术，使他们能够更有效率地工作。

庞古的收入均等化原理一经提出，就引起了西方经济学界的广泛注意，但也招致了一些批评，其中以他的学生琼·罗宾逊的批评最为激烈。罗宾逊认为，个人从社会生活中得到的满足，亦即个人福利，纯属一种心理体验，根本无法比较。穷人有穷人的痛苦，富人有富人的烦恼，很难说富人的烦恼要比穷人少。而且人的主观判断千差万别，本质上是不同的，对其进行加减计算是一种谬误，因此，庞古的收入均等化原理是不成立的。后来，以罗宾逊等人的批评为基础，经济学家们又发展了庞古的理论，形成了新福利经济学。

萨伊的按生产要素分配

●物品的价值，是由资本、土地和劳动这三种生产要素协同创造的。所以，三要素的所有者理应取得相应的报酬，即工人得到工资，资本所有者得到利息，土地所有者得到地租。

19 世纪初，在西方政治经济学的“王国”里，出了一位“王子”，他就是法国资产阶级政治经济学的主要代表——让·巴蒂斯特·萨伊。

萨伊出生于富商家庭，早年经商，后来到英国求学，接触了英国古典政治经济学体系的伟大创始人亚当·斯密的学说，从此踏上了研究政治经济学的道路。萨伊转向经济研究，对整个萨伊家族都有影响。萨伊的兄弟路易·萨伊、长子豪雷斯·萨伊、孙子里昂·萨伊后来都成了法国有名的经济学家。萨伊家族由此获得了“一个完整的经济学皇朝”的美称。

萨伊最主要的著作是《政治经济学概论》。这部书 1803 年在巴黎出版，比李嘉图的《政治经济学及赋税原理》要早问世 14 年。萨伊生前曾再版五次，并译成了德文、西班牙文、意大利文和英文，成为欧洲设有这个学科的大学教科书。《政治经济学概论》法文第四版的编者比德尔曾这样评论这部书：自从亚当·斯密的《国民财富的性质和原因的研究》这一

部深奥的独创性著作问世之后，在欧洲出版的政治经济学论著，得到人们普遍注意和受到权威批评家显著称赞的，没有一本比得上萨伊的《政治经济学概论》。

萨伊的《政治经济学概论》，选了一个这样的副题："财富的生产、分配和消费"。他反对把研究人与人关系的政治学与研究财富的政治经济学混同起来。在他看来，政治经济学与物理学一样，是一门技术科学，专门研究财富的增长，在剔除了人与人的关系之后，萨伊把政治经济学分为三个相互独立的部分：财富的生产，财富的分配，财富的消费。

对于财富的来源，萨伊不同意斯密的劳动价值论。他认为，物质是一个既定的量，不能增加也不能减少，并非人力所能创造。人力能够做的，只是改变已经存在的物质形态，使之提供以前所不具有的效用，或者扩大原有的效用。效用作为物品满足人类需要的内在力量，是物品价值的基础，人们之所以承认某东西有价值，完全是因为它的有用性。财富就是由各种具有效用的物品组成，因此，创造效用便是创造财富。

既然生产就是创造效用，那么，在生产过程中对效用作出贡献的，不仅有劳动，还有资本和土地。因此，物品的价值，是由资本、土地和劳动这三种生产要素协同创造的。在此基础上，萨伊得出了他的分配理论：既然价值由三种生产要素共同创造，那么，三要素的所有者理应取得相应的报酬，即工人得到工资，资本所有者得到利息，土地所有者得到地租。因为工资是劳动创造效用的收入，地租是土地创造效用的收入，利息是资本创造效用的收入，所以这三种收入便是效用的生产费用，生产费用是对生产三要素进行生产性服务所支付的代价，是它们各自贡献的合理报酬，至于生产费用的价格，则由市场供求决定。这样，萨伊建立了他的三位一体公式：资本—利息；土地—地租；劳动—工资。

萨伊认为，资本、土地、劳动都是生产必需的要素，这些生产要素的

所有者，按照各自的动机把要素投向企业进行生产，实际上是以损失该要素的其他用途作为代价的，如资本所有者推迟自己的消费，而将资本交与企业处置，其所得到的偿付便是利息；地主放弃土地的直接经营，因而他应得到补偿，即租金；劳动者为工作割舍了休闲，所以他有权利获取工资，等等。因此，每个生产要素的所有者，当他把其拥有的生产要素投入价值生产过程，实际上就有理由凭借要素所有权，参与产品和价值分配，弥补其损失。同时，萨伊明确指出，利息与利润是两个不同的概念，利润是企业主承担企业资本经营的风险所得，是对他的事业心、才干、甘于冒险的精神品质及高度熟练劳动的报酬；而真正对使用资本所付的租金，则只是利息。

通过萨伊的这一番描述，人们便看到了如下的画面：以“三分法”为特征的政治经济学体系；以“生产三要素”为核心的财富生产理论；以“三位一体公式”为准则的财富分配理论。这些，就是被尊为“政治经济学王子”的萨伊的经济学说。

值得一提的是，提出效用价值说的人，萨伊并不是最早的一个。18世纪意大利神父孔迪亚克和加里安尼，就曾对效用是价值的源泉问题作过清楚的表述。再早还可以追溯到亚里士多德。但是，在古典学派的阐释者中，萨伊是第一个用效用价值论代替劳动价值论的人。半个世纪以后，他的效用价值说为奥地利学派所继承，发展成了在当今还很有影响的边际效用理论。他的生产三要素论成了奥地利学派归算论的渊源。生产费用论为不少学派所沿用。他的资本进行“生产性服务”的理论，发展成了后来的资本生产力说。

不过，萨伊对西方经济学所作的最大贡献，是他创立的按生产要素分配理论。他所提出的工资是劳动的报酬、利息是资本的报酬、地租是土地的报酬以及利润是企业家才能的报酬这一整套分配理论，至今仍是西方经济学的信条，并在实践中得到广泛深入的实施。

检验福利的标准

●虽然经济的每一变动和社会的每一次进步，对不同的人有不同的利害影响。但如果受益者的所得在补偿受损者的所失后还有剩余，那么，就可以认定社会福利得到了增长，其所采取的经济政策便是正当的。

经济学作为一门工具，从它诞生的那一天起，就肩负着不断改善人们生活的神圣使命。但这一目的，在庇占之前，却并未显现得十分明显。直到庇古建立了福利经济学体系，并专门把“怎样才能使国民的经济福利达到最大化”作为他这门分支学科的研究对象时，才使得经济学对人类正义和幸福的关注逐渐清晰和深刻起来。

对于福利的理解，庇占所作的说明一直被西方经济学界视为经典。他认为，一个人的福利寓于他自己的满足之中，这种满足可以由于对财物的占有而产生，也可以由于其他原因譬如知识、情感、欲望等而产生，包括所有这些的满足称为社会福利。但是，含义如此之广的福利是难以研究的，也是难以计算的，因此庇古把研究的主题局限于能够用货币计量的那部分福利，即经济福利之内。

而判断一个社会的经济福利是否有所增进，庇古认为检验它的标准有三个：一是国民收入是否大量增加；二是国民收入在社会各阶层间的分配是否平等；三是国民收入是否稳定。不过，他在说明这些增进国民福利的原因时，试图通过比较和计算个人得到的满足即物品的效用来算出整个国民的福利。他认为，个人的满足是由效用构成的，而效用可以通过商品价格计算出来，从而个人的经济福利就能够被计算出来。个人经济福利的总和等于一国的全部经济福利，所以个人福利就等于个人收入，国民福利就等于国民收入。

但恰恰因为这一点，庇古的福利标准受到了前所未有的攻击和批判。因为，效用都是当事人个体的心理感受，个人所体会到的效用或满足程度是不能测量的，更无法相互比较。例如，1000 元钱对于张三也许有着巨大的效用，但对于李四恐怕反应平平。再比如，穷人有烦恼，富人也有烦恼，很难说富人的烦恼就比穷人小。因此，个人的经济福利根本无法用收入来进行统一的评判和测定，而以不能测定的个人福利简单相加作为基础来论述国民福利，事实上等于空谈。这样，庇古的理论体系被动摇了，有许多人开始避开效用测定和收入分配问题，来重建福利经济学体系。

新福利经济学的奠基工作是由意大利经济学家帕累托完成的。帕累托指出，由于效用无法确切计量，因此国民福利应该是全社会每个个人福利的集合，而并非总和。尽管效用无法计量，但对它却可以进行排列，以此表示消费者选择的次序。例如，张三对于电视的偏好胜过录音机，而李四认为衬衫比黄油能带给他更大的满足，等等。在这一论题的基础上，帕累托得出结论：社会的经济福利就是个人效用的排列与组合，而不同的排列与组合便构成了不同的福利状况。按照这一思路，他继续考察庇古曾经考察过的问题，即如何检验国民的经济福利是否得到了增进？由于个人收入无法作为检验福利的标准，他撇开了收入分配对福利最大化的影响问题，只探讨资源配置对福利最大化的影响。最后，他得出结论：在既定的收入分配下，检验一个经济社会的福利是否增加的标准是，如果生产和交换情形的改变，使得社会中一些人的境况变得好些，而其他人并未变得坏些，社会福利才能说是增进了；而如果一些人的境况变好了，但另一些人的境况却变坏了，就不能说整个社会的福利增加了。这就是著名的“帕累托最优条件论”。

但是，在现实生活中，任何经济变革都可能使一方得利，而使另一方受损。即使得利的人占多数，情况变糟的是少数人，那么按照帕累托最优条件的标准，要求一些社会成员经济地位的改善不能造成其他社会成员经济地位的恶化，这种变革也是不可取的。这样，其实就否定了改变经济政策以增加社会福利的说法，使得新福利经济学的理论陷入了死胡同。为了从死胡同中寻找出路，美国经济学家卡尔多和希克斯重新对福利标准进行了考察，提出了所谓的“假想补偿原理”。

卡尔多指出，虽然经济的每一变动和社会的每一次进步，对不同的人有不同的利害关系，比如一方得益，而另一方受损，但如果通过税收或价格政策，使那些得益者从自己新增的收益中拿出一部分，支付给受损者作为补偿金，使后者能够保持原有的社会地位，而得利者提供补偿后还有剩余，这样，前者变好了，后者维持原状，社会福利得到了增长，由此就可以认定这一经济政策是正当的。而如果得不偿失，受益者的所得补偿不了受害者的所失；或者所得等于所失，受益者在向受害者补偿之后自己没有剩余，那么，这种经济变动便是不足取的。举例来说，如果经济情形的改变使得有些人得益 120 元，而另外一些人受损 100 元，则通过假想补偿的办法，得失相抵，结果全社会的福利仍增加了 20 元钱。那么就可以说，这种社会变革就是值得肯定的。而如果前者得益 100 元，那么得失相互抵消，社会福利没有丝毫增进，这种经济变动便不足取。如果前者只得益了

80 元，其所得根本无法补偿后者，反而全社会的经济福利损失了 20 元，那么，这项经济政策对社会就是有害的。

希克斯十分推崇卡尔多的观点。他首先肯定了卡尔多的福利标准是可以成立的，但他对于卡尔多提出的假想补偿检验的说法，仍认为不够完善，有加以修补的必要。这是因为，卡尔多提出的“补偿”事实上并不一定能够得到实现，因为实际补偿由受益者决定，如果受益者不对受损者作出什么实际补偿，那么补偿就只是一种“假想”。所以，希克斯发展了卡尔多的福利检验标准，他指出，实际上，不必要求每一次经济变动之后受益者都要向受害者作出补偿，补偿可以自然而然地进行，这一次经济变动中的受益者可能在下一次变动中成为受害者，反之，这次的受害者下次则可能成为受益者。因此，在长时间的一系列政策改变之中，人们的受益与受害彼此可以相互抵消，所以补偿不必次次进行，只要假定损失终会得到补偿就可以了。希克斯进一步指出，只要一个社会的经济活动是以追求效率为导向的，国民收入就会是不断增长的，在经过一段相当长的时间后，几乎所有人的境况都会好起来，只不过有先有后，有快有慢而已。

以“假想的补偿原理”为基本内容的卡尔多—希克斯的福利检验标准，表面上似乎避开了个人的价值判断，使福利经济学有了实证的基础，但实际上却蕴涵着一个特定的思想本质：即一种政策措施的实行，即使将导致贫者更贫、富者更富，但只要它使国民收入总量有所增加，也可以被说成是增进了社会福利。

福利国家论

●概括起来，“福利国家”主要包括以下四个方面的内容：第一，混合经济；第二，收入均等化；第三，充分就业；第四，社会安全网。

一百多年来未经战争创伤的瑞典，可以说是战后发达国家推行“福利国家”政策的典范。不要碉堡，只要和平，这种明智确保了她今天“世界审判者”的稳固地位。不仅如此，瑞典还在推进“收入分配均等化”、“经济稳定化”和“福利普遍化”方面，比西方任何国家都走得更快更远。在这个国家里，悲惨与肮脏、惶恐不安和有害的奢侈都得到相当程度的限制。如果说，谋求人类生活的改良，追寻更为广义的福利曾经是许多经济学家的梦想，那么今天，这个梦想的一部分就如此真实地呈现在世人面前，令无数政府为之振奋和向往。

然而，在经济学家的眼中，究竟什么是“福利国家”。又用什么样的标准来判断一个国家是否建设成为“福利国家”呢？

通常所讲的“福利国家”，其实是包括混合经济、充分就业、收入均等、社会福利、社会保障等内容在内的一揽子政策目标的总称。它的主旨也很明确：即在肯定财产私有制和市场机制的前提下，由国家对社会经济生产实行全面有效的调节和干预，改善人民的生活，以使资本主义制度趋向更为稳定与合理。

最初提出“福利国家”这一主张，是在19世纪末20世纪初。当时，欧美一些标榜“社会主义”的资产阶级小资产阶级改良主义者，如德国的“讲坛社会主义”者、英国的费边社会主义者等指出，政府负有促进社会文化和福利发展，为贫困者提供组织保障和公共服务的职责。20世纪20年代，庇古建立了福利经济学体系，以达到全社会福利最大化为该学科研究的目的，从而从正统经济学的角度为“福利国家”的实施提供了理论依据。30年代，凯恩斯针对西方世界的经济大危机，提出了以实现充分就业为中心目标的政府干预的主张，也为“福利国家”政策的实施提供了新的论据和目标。在第二次世界大战即将结束时，面临国家的重建问题，英国经济学家贝弗里奇发表了著名的“贝弗里奇报告”。在该报告中他主张：政府要坚决向贫穷、愚昧、肮脏、疾病、失业等开战；英国应当坚持和发扬资本主义的民主传统，走一条与希特勒统治下德国所走的“战争国家”路线相反的道路，即建设自己的“福利国家”。英国工党接受了这一主张，把建设“福利国家”当做自己的施政纲领。1948年，工党政府宣布英国已建设成为“福利国家”。从此，“福利国家”广为流传，成为许多资本主义国家的正式国策。

“福利国家论”的思想来源很庞杂，但总的来说，福利经济学的一些论点是福利国家论的重要依据，林德伯克等福利经济学家的政策主张是推行福利国家政策的重要组成部分。概括起来，“福利国家论”主要包括以下四个方面的内容：第一，混合经济论；第二，收入均等化；第三，充分就业；第四，社会安全网。

尽管自由的市场机制是资本主义国家所崇尚的，但要推行“福利国家”，却离不开政府的调节和干预。因为没有计划指导的市场会带来一连串外部非经济性的恶果，因此，要使一个社会达到资源的优化配置和经济稳定，满足社会福利最大化的要求，就必须把中央计划和市场机制结合起来，实行混合经济。由此，福利经济学家提出了政府干预的主张，这种干预包括对社会资源配置的调节和对收入的调节。私营经济和国家干预相互协调，既保证了私人福利的最大化，也保证了社会福利的最大化。所以，“混合经济”被认为具有很大的优越性，是“福利国家”的一项重要内容，甚至可以说是推行“福利国家”的保证。美国经济学家萨缪尔森干脆把这两者等同起来，认为现代混合经济就是“福利国家”。

“收入均等化”被视为“福利国家”的重要标志。收入均等化所奉行的伦理原则就是要使社会上的大多数人广泛地分享经济进步的成果。它直接针对的目标就是消除贫困状况的存在，缓解或抑制市场机制所造成的贫富过分悬殊的矛盾。而政府在推行收入均等化时所运用的政策工具主要有两个，一是实行个人所得累进税制，即对个人收入划分出征税档次，高收入者实行高税率，低收入者实行低税率，以此缩小收入差距。二是实行转移支付，即由政府对个人收入实行再次分配，把从高收入者手中征收的收入，通过补贴、救济、福利等方式转移给低收入或无收入者，改进这些人的收入状况和生活福利。

各个社会都珍视高就业，这既是因为高就业意味着高产出和高收入，也是因为在许多社会中，工作本身就是一种尊严。从这一意义上，经济学家把“充分就业”与福利国家连在了一起，并把它作为判断一个国家是否成为福利国家的标准。瑞典失业人数很少，许多老人欢度晚年，因此常被称为有计划的充分就业的福利国家。

“社会安全网”是针对市场机制而言的。市场竞争是无情的，它总会产生失败者，这些失败者要重新获得参与竞争的能力和资格就面临重重困难，甚至连生活也失去保障。还有一些人，如残疾人、老年人、未成年人

等，甚至一开始就无力参与市场竞争，而妇女、少数民族在竞争中往往受到歧视，遭受不公正待遇。如果单纯强调效率的原则，上述这些人就面临自然淘汰的威胁，这被认为是既不符合资本主义的一般伦理原则，也会形成威胁社会的危险的炸药桶。对此，福利经济学主张要形成“社会安全网”，为那些市场竞争中的失败者和无力参与市场竞争者提供必要的生活保障，其中包括失业救济、养老金、社会保险、家庭补助等社会保障服务；对那些可能重新加入市场竞争的人和在市场竞争中面临不平等待遇的人，给予必要的扶助，如进行职业培训、提供教育机会等。他们认为，通过这些政策就可以稳定社会，安抚人心，缓和市场机制的副作用。

负所得税方案

●负所得税就是政府界定出一个最低收入线，然后按一定的负所得税税率，对在最低收入线以下的穷人，根据他们不同的实际收入给予一定的补助。

没有哪一个经济学家曾经像密尔顿·弗里德曼那样为普罗大众所瞩目：由于他在《新闻周刊》上长达20年的专栏文章、他的系列电视记录片《自由的选择》，以及他的“货币主义”学说被世界上许多政府所采纳，这位每个西方人都听说过的，而今天依然健在的经济学家，在社会观念、社会舆论的许多方面，都对无数民众产生了深远的影响。他对专业经济学的贡献，为他在1976年赢得了诺贝尔奖。在那些卓越的思想中，他为救济社会贫困者设计的“负所得税方案”，无疑是所有关于补贴支付体系的政策建议里最令人耳目一新的一个。

在弗里德曼看来，消除贫困，对生活困难的人群给予补助是政府应尽的职责。但是，如果一个国家决定向贫困开战，那么，它必须选用一种最有效而又最简洁的武器。但不幸的是，当时美国的收入保证计划不仅繁琐不堪，而且弊端十分明显，除了全国的标准不统一之外，最大的负作用就是严重降低了低收入者寻找工作的积极性。因为美国的救济支持计划是按照凯恩斯的福利思想运作的，而这一思想的中心即是对低收入者发放差额补助，没有工作的人与有一份工作的人在领取差额补助后，最终得到的可支配收入反而一样多，这严重挫伤了努力自助的穷人的积极性，提供了人们拒绝工作的动力。因此，虽然该计划体现了一定程度的公平，但却妨碍了整个社会的效率。弗里德曼指出，高经济效率来自高竞争，没有竞争就没有效率，给低收入者发放固定的差额补助不利于激发他们的进取心，有损于自由竞争，从而有损于效率，同时，社会还会因政府支出的增加而发生通货膨胀。所以，要想消除贫困而又不损害效率，就必须对现有的援助穷人的收入支持计划进行改革。

弗里德曼参照正所得税体系设计了一个补助穷人的“负所得税方案”，让低收入者依据其各自的收入得到政府向其补贴的不同的负所得税。而这种帮助穷人的方法之所以被称为“负所得税”，目的是要强调它与现行的所得税之间，在概念与方法上的一致性。负所得税就是政府界定出一个最低收入线，然后按一定的负所得税税率，对在最低收入线以下的穷人，根据他们不同的实际收入给予一定的补助。其具体做法是：负所得税 = 最低收入指标 -（实际收入 × 负所得税税率），这样，个人最终可支配收入 = 个人实际收入 + 负所得税税额。

以这一公式进行计算，在可得到救济的人群中，收入不同的人可以得到不同的补助，从而使得有收入的人、收入较高的人在接受负所得税后的最终可支配收入，比没有收入的人、收入较低的人高，这样，便可以鼓励人们多工作，多收入，保持贫穷家庭的成员挣更多收入的积极性，而不像差额补助那样养成人们对救济的依赖。

让我们举一个例子，假定政府已经作出规定，目前社会的最低收入指标为1500元，负所得税税率是50%，而现在有甲、乙、丙三个收入各不相同的家庭，甲的实际收入为零，乙的实际收入是2000元，丙的实际收入是3000元，那么，按上面计算负所得税的公式，甲可得到负所得税1500元，乙可得负所得税500元，而丙可得的负所得税是零。如果单从这三个家庭得到的负所得税来看，似乎收入越低，得到政府的补助仍然会越多，可是如果我们再看看这三个家庭的最终可支配收入，却是实际收入越高的家庭，最终可支配收入也越高。如甲的最终可支配收入只有1500元，乙就有2500元，而丙是3000元。在我们这个例子中，3000元事实上被假定为收支平衡点，在这一收入点上的家庭不必缴纳税收，也不会得到政府补助。而在这一收入点以下的家庭可以得到"负所得税"，在这一收入点以上的家庭，其实际收入超过3000元的部分，则必须按照一定的正所得税税率向政府交税。

可见，负所得税方案最突出的优点在于，它解决了政府补助中公平和效率的矛盾。在负所得税计划下，穷人从政府那里接受到的收入补助——负税收，是从1500元的基本补贴开始，然后以一温和的比例50%下降，不过，由于人们在自己收入增加的同时，还可以向政府"征税"，因此使那些收入增加的穷人，其最终可支配收入也有明显增加。这样，低收入家庭便会有强烈的积极性去寻找就业机会，从而使扶贫计划在体现公平的同时，也刺激了经济的效率。另外，由于"负所得税方案"是用一个统一的现金收入补助计划，取代诸如医疗、食品、住房、教育、失业等等一大堆令人目眩的福利计划，因此，它不仅使济贫的方式更为简洁方便，而且由于执行该方案的政府机关只是税务部门，因此，那些累赘的、代价高昂的福利官僚机构几乎可以被全部撤销。与此同时，社会所负担的费用在税务表上以更明确和更客观的方式表示出来，从而可以避免贪污和贿赂。

当然，"负所得税方案"提出以后，也遭到了一些学者的反对和质疑：如，怎样准确地对贫困家庭的生活状况进行调查？不工作的人是否有资格得到更高的经济补助？如何确定补助的最低标准以及它对刺激积极性的作用究竟有多大等等，这些争论，使“负所得税方案”还暂时难以在实践中推行。但是，不管怎么说，该方案至少为人们在公平和效率之间如何寻找平衡点提供了一个新思路。

奥肯的漏桶原理

●将富人的一部分收入转移给穷人，有利于促进平等，但却会带来效率的损失。因为转移的过程会发生“泄漏”，结果是富人失去的多，而穷人得到的少。

尽管平等和自由的畅想曲人类已经唱了几千年，但在很长的一段时间内，它却并没有引起经济学界足够的重视。古典经济学者将更多的注意力投向了经济效率，他们对市场机制的美妙阐述，至今还闪烁着智慧的光芒，但在收入分配这个问题上，他们的看法却与《圣经》非常相似，收入分配是不可改变的，贫穷将永远伴随着人们。在西方经济学界，庇古最早打破了古典经济学在分配问题上无为而治的传统，面对着庞大的社会财富和大众严重贫困的对比，他第一次比较系统地表达了对经济平等的关注，1920年他出版的名著《福利经济学》，把平等和效率同时纳入了经济分析的视野。在庇古看来，争取效率就是要合理配置资源，增加国民收入；而争取平等则是将富人的一部分收入转移给穷人，实现收入的均等化；只有二者兼顾，才能增进整个社会的福利。庇古描述的这种富足而又和谐的社会无疑令人向往，但问题在于，平等和效率在现实中往往是矛盾的，对于这个问题，奥肯曾作过非常精辟的论述，这就是著名的“漏桶原理”。

假定有这样一个社会，富人和穷人分灶吃饭，富人那里人少粥多，许多粥吃不完，白白地浪费掉；而穷人那里人多粥少，根本吃不饱，已经有不少的人得了水肿。于是政府决定，从富人的锅里打一桶粥，送给穷人吃，以减少不平等现象。奥肯认为，政府的这种愿望是好的，但不幸的是，它使用的那个桶，下面有个洞，是个漏桶。这样，等它把粥送到穷人那里，路上就漏掉了不少。意思是说，政府如果用税收的办法，从富人那里转移一部分收入给穷人，穷人实际得到的，比富人失去的要少一些，比如富人的收入减少了1000元，穷人可能只得到了600元，其余的400元就不翼而飞了。为什么会有这种现象呢？因为追求平等损害了效率，从而减少了国民收入。奥肯有一句名言：“当我们拿起刀来，试图将国民收入这块蛋糕在穷人和富人之间做平均分配时，整个蛋糕却忽然变小了。”这里所说的蛋糕变小，实际上就是效率的损失，原因主要有两个：一是税收削弱了富人投资的积极性。奥肯在他那本著名的《平等与效率——重大的抉择》一书中，曾这样写道：“如果税收对于储蓄和投资具有重大的和有支配的影响，那么在总量数字方面的证据将是引人注目的而且是明显的。1929年，尽管美国经济处于萧条时期，但由于当时的税率很低，投资还是占了国民收入的16%；在此之后，联邦税的税率上升了好几个百分点，到了1983年，尽管当时的经济处于复苏时期，但投资率仍没有超过14%。”二是税收影响了劳动的积极性。不仅影响富人，而且影响穷人。比如一个失业工人，由于得到了一份月薪并不算高的工作，而失去了政府所有的补贴，他自然也就对找工作不热心了。这样，由于在收入分配的过程中，可供分配的国民收入总量减少了，结果就必然与政府的桶发生了“泄漏”一样，使得富人失去的多，而穷人得到的少。

漏桶原理意味着，平等和效率是“鱼和熊掌不可得兼”。那么，在这种情况下，二者相比，孰轻孰重呢？经济学家、伦理学家乃至哲学家就此开始了他们旷日持久的争论。有人认为，人们之所以在平等和效率的抉择问题上争论不休，原因就在于，现实世界是不平等的。富人害怕失去既得的利益，因而鼓吹效率，反对平等；穷人想不劳而获，因此支持平等，批评效率。人们都戴着“有色眼镜”进行讨论，很难得出一个符合人性本来面目的结论。于是，美国哲学家劳尔斯便在他的《正义理论》一书中作了这样一个假想的试验：将一群人带到一个远离现代文明的荒岛上，让他们在“原始状态”下开始新的生活。每个人对自己的未来一无所知，不知道自己将来是穷还是富，是成功还是命运不佳。现在，让他们在一起进行协商，去建立一个他们心目中“公正”的社会。那么协商的结果是什么？肯定是追求经济平等，而不是允许贫富分化。因为每个人都不知道自己将来的收入，会处于金字塔的什么位置，如果支持效率，他们就得承受忍饥挨饿的风险。劳尔斯就此得出结论说，在平等和效率之间，应该让平等优先。然而，很多人对这个假想试验在现实中是否具有意义提出了怀疑，他们认为，劳尔斯极端平等的立场，不一定是这个试验的必然结果。在现实生活中，如果有些人天赋很高，他们却被迫获得与白痴一样的收入，那么这种收入的平等，恰恰是不平等的表现。密尔顿·弗里德曼则担心，追求平等会损害神圣的自由。他说：“以‘公平’来取得‘自由’这一现代倾向，反映了我们已经多么远地偏离了合众国的缔造者们的初衷。”“由于公平缺乏一个客观的标准，他完全取决于仲裁者的主观看法，因此，当‘公平’取代了‘自由’的时候，我们所有的自由的权利就都处于危险之中了。”

在劳尔斯和弗里德曼之间，奥肯采取比较折中的立场。在他看来，效率诚可贵，平等价也高，因此，二者谁都不能偏废，只能寻找一种折中，既促进平等，又尽量减少对效率的损害。比如缩小补贴范围，降低补贴标准，就可以控制收入分配对穷人的劳动积极性的影响；调低所得税税率，提高消费税税率，就可以减小收入转移对富人的损害等等。奥肯特别指出，贫穷的根源是缺乏教育和训练，而要打破这种贫穷—不良教育—贫穷的恶性循环，最有效的办法就是，向贫穷的人口敞开教育的大门。“在走向平等的道路上，没有比提供免费的公共教育更为伟大的步骤了。”

帕累托最优状态

●如果经济运行已达到最高效率时，一部分人要进一步改善处境，就必须以另一些人的处境恶化为代价。这一资源配置的状态，就叫做帕累托最优状态。

意大利有一位名叫帕累托的经济学家，他在其著作中，最先考察了资源的最优配置和产品的最优分配问题。结果他发现，生产资源的配置和财富的分配如果已达到这样一种状态，即任何重新改变资源配置或财富分配的方法，已经不可能在不使任何人的处境变坏的情况下，使任何一人的处境更好。这种状态即是效率的最佳状态，也称“帕累托最优状态”或“帕累托适度”。后来，这一“帕累托标准”便成为经济学家判断经济总体运行效率与社会福利大小的一个重要准则。

按照“帕累托标准”，如果经济运行已达到最高效率时，一部分人要进一步改善处境，就必须以另一些人的处境恶化为代价。反之，当资源配置是低效率时，那么通过改变资源的配置方法，至少可以提高一部分人的福利水平，而不会使任何人的境况恶化。由此，经济学家又引申出了“帕累托更优”或“帕累托改进”的概念。即如果把改变资源配置之后与之前相比，同时符合“至少有一个处境变好”和“没有一个人处境变坏”这两个条件，那么，我们就称改变资源配置可达到“帕累托改进”，当某一种资源配置方式不可能达到“帕累托改进”时，就是一种“帕累托最优”的资源配置。

举一个最简单的例子：假如有10个人在等同一辆车，当车开到时，他们发现这辆只能装10个人的车已经坐上了9个人，仅余下一个座位。在这个情况下，什么样的资源配置才是帕累托最优呢？10个人都上车固然可以改进这10个人的福利，但却使车上的9个人受挤，损害了他们的福利（事实上，让两个人上车都损害了车上乘客的福利）。10个人都不上车也不行，因为这样会浪费掉一个座位，未能最佳利用现有的资源。只有让一个人上车，才算做到了“帕累托改进”，因为这样可使一个人的福利变好，又不会使任何一个人的处境变坏。当车上已坐满了10个人时，资源配置方式便达到了“帕累托最优”，因为在这种状态下，已经没有办法在不损害车上乘客福利的同时让任何一个等车人上车以改进他的福利。全社会的经济运行和资源配置也如同此理。

既然“帕累托最优”是经济运行和资源配置的一种最佳状态，那么，如何才能达到这种状态呢？简单地说，要实现“帕累托最优”，必须同时满足以下三个条件，即交换的最优条件、生产的最优条件和生产与交换的最优条件。

使交换双方得到最大满足的条件即为交换的最优条件。按照西方经济学的观点，物品的价值表现为效用，而效用则是人们从消费物品中获得的满足程度。消费者感到越满足，则表明该物品的效用越大，反之，则表明越小。如果一个人的欲望和偏好不变，他消费的某种商品越多，则他从继续增加的单位商品中所得到的效用就越小，这就是“边际效用递减”，一直递减到零甚至出现负效用。例如，一个饥肠辘辘的饿汉在吃第一块面包时可以获得巨大的效用，而在吃到第三块面包时所得的效用就很小了，在吃到第五块时或许会感到肚胀难受，因而是负效用。由于存在边际效用递减规律，当某种商品的边际效用降到一定水平时，人们就不会再继续购买和消费这种商品，而是转向购买和消费其他商品，以获得较多的效用。这种为增加一单位甲商品而愿意放弃的乙商品的数量，叫做“边际替代率”。现假设有甲乙两人，他们的边际替代率是不一样的，甲认为一块面包可以代替两个苹果，乙认为一个苹果可以代替两块面包，这时如果甲拿一个苹果换乙的一块面包，则对甲乙都是有利的。甲得到一块面包，相当于两个苹果，其边际替代率为2；乙得到一个苹果，相当于两块面包，其边际替代率也为2，这时，双方得到了最大的满足。可见，交换的最优条件，就是对于全体社会成员来说，每一对商品的边际替代率都相等。

生产的最优条件，就是在生产要素存量一定的条件下，使产出达到最大的条件。现代经济学把投入与产出的关系称为“转换率”，而增加的投入与增加的产出之间的比例关系被称为“边际转换率”。如果一个企业生产两种产品，并且这两种产品的边际转换率不等，那么，企业就会减少成本高、收益低的产品的生产，增加成本低、收益高的产品的生产，以便增加收益总量。例如使用同量的生产要素，生产面包可以获得100元的收益，生产苹果可以获得200元的收益，那么企业就会将生产要素投入到苹果上，使生产资源在不同产品之间重新配置。同样的道理也适用于不同的企业。例如使用同量的生产要素，甲企业可以生产100块面包，乙企业可以生产200块面包，当然将生产要素交给乙企业使用为好。因此，生产的最优条件，就是对于所有的生产者来说，使用资源生产任何两种商品的边际转换率都相等。

要达到帕累托最优状态，分别满足了生产的最优条件与交换的最优条件还不够，还必须同时将生产的最优条件与交换的最优条件结合起来。即

要求任何一对可以再生产的产品，它们的边际转换率必须等于它们的边际替代率。这是因为，边际转换率反映了生产的效率，边际替代率反映了消费者的偏好，边际转换率等于边际替代率，说明社会生产结构与社会需求结构相一致，生产出来的产品都是可以满足社会需要的，不存在滞销和积压。

以上三个条件全部满足后，社会的福利若要想再增加一点，似乎就是不可能的了，也就是说达到了效率最大或资源配置的最佳状态，帕累托适度最终得以实现。